高职院校学生管理工作典型案例研究

覃媛 赵楠 张舒铭 唐丽媛 段方雪 ◎ 著

西南交通大学出版社
·成都·

图书在版编目（CIP）数据

高职院校学生管理工作典型案例研究 / 覃媛等著. 一成都：西南交通大学出版社，2023.6
ISBN 978-7-5643-9351-9

Ⅰ.①高… Ⅱ.①覃… Ⅲ.①高等职业教育–学生–学校管理–研究 Ⅳ.①G718.5

中国国家版本馆 CIP 数据核字（2023）第 111692 号

Gaozhi Yuanxiao Xuesheng Guanli Gongzuo Dianxing Anli Yanjiu
高职院校学生管理工作典型案例研究

覃　媛　赵　楠　张舒铭　唐丽媛　段方雪　著

责 任 编 辑	李　欣
封 面 设 计	何东琳设计工作室
出 版 发 行	西南交通大学出版社 （四川省成都市金牛区二环路北一段 111 号 西南交通大学创新大厦 21 楼）
发行部电话	028-87600564　028-87600533
邮 政 编 码	610031
网　　　址	http://www.xnjdcbs.com
印　　　刷	成都市新都华兴印务有限公司
成 品 尺 寸	170 mm×230 mm
印　　　张	10.75
字　　　数	154 千
版　　　次	2023 年 7 月第 1 版
印　　　次	2023 年 7 月第 1 次
书　　　号	ISBN 978-7-5643-9351-9
定　　　价	68.00 元

图书如有印装质量问题　本社负责退换
版权所有　盗版必究　举报电话：028-87600562

序言

学生管理工作是高等职业教育的重要组成部分,是人才培养过程中的关键环节,在育人工作中居于重要的基础地位。随着高职扩招政策的实施落地,高职院校的学生规模大幅度提升,学生生源结构也出现了多样化,学生的学情特点也变得更加复杂,大学生的思想价值观念、兴趣爱好、知识结构、心理健康等各个方面也逐渐变得更加多元化。因此,学生管理工作中许多不可预见的新问题也随之而来。这不仅对高职院校教育教学、人才培养工作提出了更高的要求,也给新时期高职院校的学生管理工作带来了全新的挑战。

为深入学习宣传贯彻党的二十大精神,认真贯彻落实中共中央、国务院《关于新时代加强和改进思想政治工作的意见》,进一步把全国教育大会、高校思想政治工作会议和学校思想政治理论课教师座谈会精神学习贯彻引向深入,进一步提高高职院校学生教育管理的科学化水平,积极研究探索新时代高职院校学生管理工作的特点、规律、途径和方法,总结展示学生管理工作最新的理论与实践成果,笔者从多年的学生管理工作实际出发,系统收集整理了学生管理工作过程中遇到的典型案例,在此基础上撰文开展研究,并总结提炼了提升高职院校学生管理工作有效性的建议对策。

《高职院校学生管理工作典型案例研究》一书共选用了55篇学生管理工作中遇到的典型代表案例，并结合高校辅导员的工作职责，从思想政治教育和价值引领、党团和班级建设、学风建设、学生日常事务管理、心理健康教育与咨询、网络思想政治教育、校园危机事件应对、职业规划与就业指导等几个方面，从案例分析研讨、案例定性分析、解决思路和办法、获得的经验与启示等几个方面，采取一案一议的方式，对学生管理工作当中的典型案例进行再总结、再分析、再梳理，对典型案例的处理办法，更具针对性、指导性和可操作性，从而积极为高职院校辅导员处理学生管理工作典型问题提供借鉴指导及经验参考。

本书由广西机电职业技术学院交通工程学院覃媛、赵楠、张舒铭、段方雪、唐丽媛、庞家榆、王德钦共同撰写，全书共分八个篇章，共计15万余字。全书由覃媛、唐丽媛负责审校、统稿。

本书在撰写过程中，也得到了许多专家学者的帮助和指导，在此一并表示诚挚的谢意。由于著者水平有限，加之时间仓促，本书可能存在不足之处，希望广大读者多提宝贵意见，以便著者进一步修改，使之更加完善。

著 者

2022年10月

思想政治教育与价值引领篇

用爱和尊重，坚持立德树人 …………………………… 002
走出阴霾，拥抱阳光 …………………………………… 005
情理结合，助学生成长 ………………………………… 008
解心锁，促发展 ………………………………………… 011
正确认识贫困，消除自卑心理 ………………………… 014
再见，校园贷！ ………………………………………… 017
树立正确思想，合理对待恋爱 ………………………… 020

党团和班级建设篇

入党的初心 ……………………………………………… 024
心中有党，伴我成长 …………………………………… 028
做好学生党员的教育管理工作 ………………………… 030
选拔、培训、引导 ……………………………………… 033
告别消极，共建积极向上的班集体 …………………… 035
切断源头，纠偏思想 …………………………………… 038
建设班集体，从入学开始 ……………………………… 041

学风建设篇

关于网课那些事 …………………………………… 046
刚柔并济，加强学风建设 ………………………… 048
正视自己，自信成长 ……………………………… 051
多方协调联动，改变学习态度 …………………… 054
树立目标，扬帆起航 ……………………………… 057
共情、倾听 ………………………………………… 060
对症下药，建设良好学风 ………………………… 062

学生日常事务管理篇

处理违纪，把握教育契机 ………………………… 066
换位思考，打开心结 ……………………………… 069
调节宿舍矛盾，共建和谐寝室 …………………… 072
一屋不"扫"，何以"扫"天下 …………………… 075
不可松懈的管理 …………………………………… 077
遵守校规校纪，拒绝夜不归宿 …………………… 079

心理健康教育与咨询篇

萤烛之光，点燃希望 ……………………………… 084
心之所向，越挫越勇 ……………………………… 088
正确认识自我，提升人际交往能力 ……………… 091

心魔化解于无形……………………………………………094
用爱呵护，筑起快乐人生………………………………096
爱情绊脚石………………………………………………099
正视心理问题，拥抱健康生活…………………………101

网络思想政治教育篇

以教育之温暖，驱散疫情之阴霾…………………………106
善用网络思政，提升网络素养……………………………109
用爱斩断无情网赌…………………………………………112
走出网瘾，人生启航………………………………………114
回应网络热点，和谐校园网络……………………………116
提高鉴别能力，拒绝网络不实发言………………………119

校园危机事件应对篇

突然"失踪"的小山…………………………………………124
依法治校，共建安全校园…………………………………127
安全无小事…………………………………………………130
意外无时不在，需要冷静应对……………………………132
安全出行，人人有责………………………………………135
校园失火事件处理…………………………………………137

一场突发疾病引起的风波……………………………………140

职业规划与就业创业指导篇

大学生活应该怎么过？……………………………………144
用爱指引，就业人生………………………………………147
突破自我，提升职业素养…………………………………150
升本与就业之间的拉锯战…………………………………153
突破迷茫，设定目标，锐意进取…………………………155
关于就业毁约的思考………………………………………158
暖心贴心服务"慢就业"，科学精准落实"快帮扶"…………161

高职院校学生管理工作典型案例研究

思想政治教育与价值引领篇

用爱和尊重，坚持立德树人

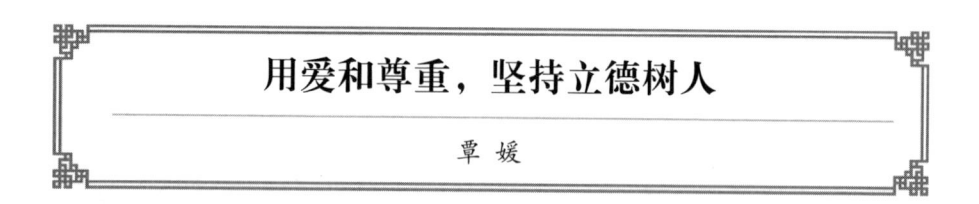

覃 媛

一、案例简介

在新生入学主题班会上，李可（化名）积极上台向大家介绍自己，并报名参加了班委的竞选，最终成功当选为班级生活委员。可是任职还没到一个月，李可就萌生了退出班干部队伍的念头，并且找到辅导员提出了个人申请。经过辅导员耐心谈话及询问，李可才说起了事情的缘由。原来李可担任班级生活委员后，刚开始还觉得比较新奇，富有成就感，但是随着班级工作日渐烦琐，很多数据填报需要电脑辅助完成，李可由于电脑操作不熟，经常完成得比较慢，还常出错。同学们背地里嘲笑他连电脑都不会用，工作都是采用"土办法"，工作能力不强。李可听到后心里很不是滋味，个人的自尊心也受到很大的打击，认为自己的付出并没有得到大家的认可，反而还遭大家的嘲笑和抱怨。于是，他开始动摇了当初的决定，工作积极性也迅速下降，还萌生了退出班干部队伍的想法。

二、案例定性分析

此案例反映的是学生个人因思想、心理、情感遭受挫折打击而产生的思想消极、困惑的问题。

三、问题关键点

1.帮助李可化解心结，端正思想认识和态度，保持健康向上的良好心态。

2.增强对李可的关怀、教育和帮扶，引导其主动转变思想、观念，学会一分为二地看待问题。

3.引导李可改变工作方式方法,加快自我提升和进步。

四、解决思路和实施办法

1.建立信任、找准关键。发现李可思想上的波动和异常情况后,辅导员应第一时间作出积极反应,可在适当的时机与李可进行一次深入的谈心谈话。在谈话过程中,要让他充分感受到来自老师的关心、重视和尊重,积极形成良性互动,帮助李可放下思想防备和心理包袱,引导他告诉老师个人内心真实的想法以及实际工作期间遇到的难点,进而帮助李可真正找到思想和问题的根源,并对应开展指导、教育和帮扶。

2.对症开方,加强疏导。通过共情式深入的谈心谈话,详细了解李可内心真实的想法,及时解决李可心理困惑以及遇到的困难。结合李可的现实表现,对李可表现较优秀的方面要多加肯定,并对其思想、学习、生活上多给予关心、关怀和指导,加强正面引导、鼓励,帮助其提升个人自信心。

3.加强规划,定期督导。结合李可在校的真实情况及现实表现,指导李可慢慢学会适应大学的学习、工作和生活,指导其积极制定个人的学习成长计划、大学生涯规划,通过问题导向、过程指导、成效反馈等,不断帮助其提升综合素质及能力。同时,通过润物细无声的方式,加强对李可在思想、学习、生活、工作上的关心,坚持用诚挚的心、真诚的爱去关心他、帮助他,帮助其尽快调试好心态,重燃信心和希望,并主动加强个人综合素质和能力的提升。

五、经验与启示

1.以人为本,细心观察,精准施策,坚持关爱育人。辅导员在工作的过程中一定要有更多的耐心,要多注意工作的方式方法,要及时发现学生思想行为异常背后的根源,要坚持立德树人和"以人为本"的教育理念,心平气和地和学生沟通,用仁爱之心、用温和的方式,巧妙地对其进行思想开导和行为引导，从而真正帮助其破解难题。如果一开始不了解事情真相，就对他进行严厉批评或者教育，很可能会刺激其本来就敏感的内心，甚至可能会出现拒绝沟通甚至越发抵触的情况。因此，辅导员在做此类学生思想工作的过程中，一定要注意工作方法和工作态度。

2.换位思考，善于激励，润物无声，发挥榜样力量。辅导员是学生的知心朋友和思想引路人，作为学生管理教育工作者，要善于拉近跟学生之间的距离，用真诚、爱心及耐心，为学生带去温暖和希望，要始终坚定每个学生身上都有自己独特的闪光点。因此，在发挥好领路人角色作用的同时，还应在各场合多方面肯定和鼓励学生，加强和学生之间的交流和互动，积极走到学生当中去，和学生打成一片，积极建立起良好的信任关系。做到思想引领和行为示范良好结合，不断努力提高立德树人的成效。

六、案例点评

大学新生刚入校，由于世界观、人生观和价值观还没有完全成熟，对大学的生活、学习、工作等都还不够熟悉。因此，一遇到困难、挫折或者委屈，往往很容易导致思想以及情绪上的波动，甚至全面的自我否定。因此，作为班级辅导员，如果没有及时关注，很有可能会引发更多的学生管理问题。因此，必须通过寻找问题根源、对症开方，从根本上帮助学生转变思想认识、端正工作态度、转变个人行为，重新燃起信心和希望，在学习、实践和成长过程中，不断实现个人价值和目标。

走出阴霾，拥抱阳光

张舒铭

一、案例简介

小亮（化名）是某班级的班长，平时刻苦学习，工作能力很强，在生活当中他非常乐于热心帮助同学，因此，在同学中起到了良好的模范带头作用。但自从升入大二以来，小亮在新学期中却出现了多次上课迟到以及经常旷课早退的情况，对班级事务和身边的同学也漠不关心，对参加活动更加提不起兴趣，课余时间，总是一个人在宿舍上网玩游戏，老师和同学们都百思不得其解。辅导员经过走访谈话了解到，原来小亮因为近期和女朋友闹分手，导致自尊心和自信心遭受了很大的打击，让他无法释怀，进而沉迷于游戏，逐渐放松自己，甚至出现了带头违纪的情况。

二、案例定性分析

此案例反映的是学生因失恋而出现思想滑坡等问题。

三、问题关键点

1.如何帮助小亮摆脱失恋痛苦，走出失恋困境。

2.如何对小亮进行思想教育，引导其树立正确的世界观、人生观、价值观、恋爱观，科学规划大学生活，回归正确的成长轨道。

四、解决思路和实施办法

1.主动约谈，认真倾听，确立信任。发现小亮的异常表现，辅导员要第一时间找其谈话，询问小亮出现这些情况的原因，耐心认真地倾听事情的缘由，让小亮感觉到老师的诚心和对自己的关怀，确立基本的信任关系。

2.适时思想教育，树立正确爱情观。在耐心倾听小亮自我陈述的过程中，要适时对其进行情绪安抚，做好小亮的心理疏导和思想教育，帮助他理清思路，认清事实，使其重新树立起生活的勇气和信心。在爱情中，难免会遇到迷茫和灰暗，我们不要夸大爱情，要勇敢地去接受爱情不美好的样子，更要有追求美好爱情的勇气。我们需要树立正确的爱情观，在爱情中，不卑不亢，尊重对方的选择和追求，这才是最好的结果。

3.树立正确世界观、人生观、价值观，科学规划助成长。对于小亮近期的消极表现，进行原因分析，用真诚和爱心给予小亮温馨的关怀和体贴，引导他调适心态，树立正确的世界观、人生观、价值观，形成健康的、积极上进的学业发展观。科学地规划今后的发展路线，规划大学生活，明确人生的目标和追求。①

4.真诚帮扶，携手走出情感的阴霾。发挥同学的帮扶力量，安排班级心理委员和小亮的宿舍同学，在平时要多关注小亮的心理状况，多给予关心和帮助。同时鼓励小亮多参加学校第二课堂各项活动，通过转移注意力的方式，让小亮在集体的氛围中感受快乐和温暖，可以逐渐走出情感的阴霾。

五、经验与启示

1.引导树立正确恋爱观。要重视学生的恋爱观教育，通过开设心理健康教育相关课程，开展相关教育讲座等方式，开展心理健康辅导等方式引导学生树立正确的恋爱观，端正人生态度。

2.爱要润物细无声。大学生因为恋爱受挫产生的各种思想问题、心理问题应当引起我们的重视。作为辅导员，不仅要及时掌握学生的思想动态和行为表现，还应把爱的教育做在日常，对学生多关怀，多引导，对学生的不良行为做到早发现，早约谈，早教育，让爱润物细无声。

3.树立正确三观，健康方能成长。不要因为恋爱中的受挫导致思想和

---

① 郭虹. 民办高职院校宿舍人际关系案例分析——和谐宿舍关系，助力阳光青春[J]. 南国博览（9）：137.

行为的偏差，帮助学生树立正确的世界观、人生观、价值观，才能形成正确的恋爱观。

六、案例点评

青年学生的健康成长，需要辅导员从思想上加强引导、行为上督促规范，做到双管齐下。在日常的教育中，要帮助学生树立自尊、自爱、自强、自重的品格，引导学生树立正确的世界观、人生观、价值观和爱情观，做好学生成长的引路人，为学生的健康成长保驾护航。

情理结合，助学生成长

段方雪

一、案例简介

A同学进入大学后，由于抱着"大学就是混日子"的思想，加上缺乏明确的学习目标，对自己所学的专业也不是很感兴趣，从而导致了其学习动力不足，天天沉迷在网络游戏中，还经常出现迟到、早退、旷课及不按时交作业等现象，上课的老师及同宿舍的同学曾多次提醒，但A同学仍我行我素。在大学第一学期期末，A同学就出现了因多门课程考试不合格而受到了学业预警的情况。

二、案例定性分析

此案例反映的是学生因思想不端正和缺乏学习目标而导致的个人成长及学业危机问题。

三、问题关键点

1.如何引导A同学树立学习目标，提升自制力，解除学业危机。
2.如何引领A同学提升纪律意识，做好学业规划，树立人生目标。

四、解决思路和实施办法

1.主动关心，深入谈心。一方面，辅导员不需要过于严厉地苛责他，而是要主动表示关心，和他探讨其对于自己大学三年的学业计划和期望。在和谐的谈话氛围中，该同学坦然陈述了自己存在厌学心理，感觉毫无学习动力，觉得自己也无法学好专业课程，担心不能顺利毕业。了解该生的想法后，辅导员决定首先从他身边的好友着手，一起做他的思想工作，帮助他树立信心和目标。另一方面，辅导员决定与家长联系，了解导致他厌学心理的深层次原因。

2.家校联动，具体引导。通过与该生家长的沟通交流，辅导员了解到他的厌学心理主要源于之前父母长期的严格管束和压制性学习模式。找到了根源所在，辅导员决定先帮该生解决心理负担过重的问题。首先和该生一起回顾他的成长经历，主要是回顾他之前取得的成绩和荣誉，引导他发现自己身上的闪光点，坚定了他继续读书的信心。同时与他一起协商，帮助他确定本学期的学习目标，并鼓励他制订本学期计划，对各课程查漏补缺，循序渐进，这在一定程度上消除了他在学习上的畏难情绪，帮助他重新鼓起斗志。

3.朋辈辅导，扬长补短。结合A同学的个性特点及朋友圈，辅导员为其组建了一个由学习委员、舍长、同学等组成的学习小组，在课堂内外、通过多种形式对其进行朋辈辅导。在新学期开始时，鼓励他上台竞选班级文艺委员。在带领班级同学开展一系列文艺活动中，他得到了大家的尊重和认可，找回了久违的自信，找到了自我价值和归属感，对大学生活也充满了热情。

4.保持关注，持续鼓励。随着A同学逐渐形成较好的学习和生活习惯，辅导员依然要持续关注他的思想动态。因为网络游戏成瘾问题，不是一下子就能完全转变的，所以对于他的偶尔再犯，需要带着理解和宽容的心态，给予他充分的信任和鼓励，帮助他慢慢改正。在养成良好学习和生活习惯的基础上，该生的自信心得到提升，辅导员进而可以鼓励其树立中长期的学习目标，合理规划个人的学习生涯，找到自己的人生目标。

五、经验与启示

1.教育学生应情理结合。辅导员既要坚持原则，遵循规则，更要情理结合，走近学生。就这个学生的问题而言，辅导员明白只有先帮助他提高学习成绩，才能让他走出当前的困境，重新提起对学习的兴趣，在变得充实忙碌的日子里，渐渐不再被网络游戏吸引。由此，走近学生，情理结合，帮助学生解决学习困境，并发动朋辈力量共同参与，所以取得了不错的效果。

2.教育学生需要持久关注。众所周知，教育心理学上有个"期望效应"，教师对学生的良好表现越期待，学生越会按照教师期望的方向去发展。所以教育学生需要教师给予长期的关心和帮助，特别是问题学生，一定要保持连续性的关注。在学生改进的过程中，及时给予肯定，让他逐步建立自信，巩固良好习惯，充分发挥教师的"期望效应"作用。

六、案例点评

学生事情无小事，辅导员应该积极把握学生的思想行为特点，及时地、有针对性地引导学生处理好价值取向、学习生活等方面的具体问题。辅导员应当履职尽责，努力成为大学生健康成长、成才的人生导师。[①]本案例正体现了辅导员对这一职责的履行，是一个可供参考借鉴的案例。

---

① 詹松青.德育生态视域下大学生思想政治教育研究[J]. 教育评论，2019：84-87.

解心锁，促发展

赵 楠

一、案例简介

小杨（化名）大一时各方面表现不错，学习积极努力，与同学团结友爱，和睦共处。进入大二后，小杨因受到一些校外朋友的影响，觉得自己能够做兼职挣外快是一件很酷的事情，不仅可以获取更多的经济报酬，也比读书上课更有获得感和成就感。因此，小杨时常出现因外出兼职而经常旷课和晚归的情况，这一举动也引起了辅导员的高度重视。同时，小杨还因为借贷购买手机等贵重物品，欠下了网络贷款本息近1万元。

二、案例定性分析

此案例反映的是学生因错误的价值取向和不良的消费观而导致的思想和行为问题。

三、问题关键点

1.如何帮助小杨转变思想，端正学习态度，提升纪律观念，并进一步认清网络贷真相，树立理性消费观。

2.如何家校合一，引导帮助小杨解决经济问题和学业问题。

四、解决思路和实施办法

1.及时约谈，倾心交流。辅导员与小杨及时开展谈心谈话。在谈话中，认真倾听小杨对其本人关于兼职和网贷的具体情况的陈述，帮助其分析问题产生的缘由：即错误的消费观和信贷观。通过案例，对小杨在校期间参与网络贷款的行为进行引导教育，同时纠正其错误的消费观念。并向小杨说明学校关于旷课、晚归的相关管理规定，以及其现在的表现可能面临处分。①交流期间时刻关注学生的情绪变化，可通过点头示意等方式传递老师对他陈述的尊重和学业的关心，并及时做好安抚工作，特别是在后续的工作处理中，持续关注学生的动态。

2.汇总上报，告知家长。及时与学生家长进行联系，并详细汇报和告知学生家长小杨在校期间的情况及表现，积极配合并协助家长做好小杨网络贷款的事件处理，形成良好家校互动。

3.多方联动，分类指导。第一，针对小杨的学业问题，可借助任课老师、班委、室友的力量，通过成立学习帮扶小组，一对一帮扶，帮助其端正学业态度，提高学业成绩。同时要求班委在日常生活中多关注小杨，出现问题及时提醒，共同监督。第二，鼓励小杨积极参加班级活动，从中发现自己的优点和特长，正确对待大学生活并充分享受大学学习和生活的乐趣。第三，协助家长、公安部门，尽快解决小杨的借贷问题，在解决问题期间，要特别注意保护学生的个人隐私以及心理动态变化。第四，一方面，利用学生干部、学生党员等骨干力量，逐一排查学生群体中是否存在不良网贷行为，精准摸排并加强做好教育引导；另一方面，协同学校保卫处、后勤管理部门，对未经校方批准在校宣传推介和组织引导学生办理不良校园贷的企业或个人进行严肃查处。同时，要进一步把学生的思想政治教育、学业教育有机结合起来，用真诚、耐心和爱心给予小杨温馨的关怀和体贴，引导其调适心态、建立自信、重塑自我，形成健康的、积极上进的学业观和消费观。②

4.引导教育，防微杜渐。加强案例警示教育，在全校学生群体当中广泛开展思想政治教育、学业教育和法治宣传教育，加强金融安全知识普及教育等，邀请金融机构、网信安全部门专业人员在校内进行相关知识讲座，

---

① 李青山，苏蕊.新时代高校辅导员工作理论与实务[M].辽宁大学出版社，2018.
② 俞美香.端正态度科学规划学业——高校学生突发事件案例分析[J].长江丛刊，2018（31）：254.

同时充分利用校园网站、微信平台、校园广播、主题班会等多种渠道向学生推送校园不良网络贷款典型案例。引导学生增强法律意识，树立理性消费观念。

五、经验与启示

1.加强教育引导。要加强学生的思想政治教育，纪律教育。引导学生正确对待兼职问题，合理消费。同时，在学生群体中积极开展常态化的正确的消费观和金融理财知识及法律法规常识教育，引导并尊重学生，给予他们关心和帮助，促使他们从思想上认识到自己的错误，从而引导学生走出困境。[①]

2.建立应急处置机制。若发现学生的思想问题和行为异常问题，辅导员要高度重视。对于学生出现的不良贷款问题，辅导员要及时告知学生家长，并家校合一（充分调动校内校外、课内课外各方面的育人力量）做好应急处置工作，化解危害，有效解决问题。

六、案例点评

大学生思想还不够成熟，容易因为外界的影响而导致出现错误的思想和行为，缺乏法治观念，如不及时发现并及时改正，不仅会严重影响学生的学业，也给学生的身心健康、未来发展甚至生命安全带来极大的危害。因此，一定要从思想源头抓好学生的教育，对学生的不良行为要加强关注、及时纠偏和教育引导，从而帮助学生进一步端正思想态度，积极树立正确的价值观、学业观、纪律观和消费观。

---

① 吕秀莲，甘文启.论新时代视域下大学生财经素养现状与对策研究[J].黑龙江教育（理论与实践），2021（5）：22-24.

正确认识贫困，消除自卑心理

唐丽媛

一、案例简介

小东（化名），男，2021级某专业新生，性格内向腼腆，其父亲年初不幸患上癌症，需要长期服药治疗。此外，家里还有弟弟妹妹同时在读书，家中仅靠母亲一人劳作，家庭经济负担重。在校期间，小东不仅刻苦学习，还积极参加各种社团活动，在工作中，小东不仅踏实肯干，还非常乐于助人，也因此赢得了身边同学的一致认可。在生活中，小东很少跟同学提及自己的家庭状况，在生活上，也非常勤俭节约。在班级开展年度家庭经济困难学生认定工作的时候，辅导员发现小东并没有提交相关申请及材料。经过辅导员私下了解，小东解释说自己不申请的原因主要是担心自己的家庭情况"暴露"在同学们前面而让大家瞧不起自己，从而让自己在同学们面前失去自信和自尊。

二、案例定性分析

该案例反映的是学生因对资助政策不了解，以及存在自卑心理产生的思想问题。

三、问题关键

1.如何引导学生，端正思想认识，克服自卑心理。

2.如何引导学生了解资助政策，提升大学生思想政治教育的针对性与实效性。

四、解决思路和实施办法

1.悉心关怀，消除心理防线。小东虽然表现优秀，待人友善，但他非常敏感，自尊心很强。因此，在做其思想工作的时候，一定要注意方式方法，注意保护学生的自尊心，努力建立双方之间的信任，可以以了解他的工作情况作为一个"突破口"，使其慢慢卸下防备心理，主动愿意接受别人。经过与辅导员谈话，小东逐渐吐露了自己的真实想法。他觉得家里的经济情况不是最糟糕的，自己可以选择把机会留给更需要的人，也不想让别的同学因此"看轻"自己。通过坦诚的对话，老师能够基本了解和掌握小东的所想所思和所虑。

2.普及政策，指导帮扶。在贫困生认定工作初期，我们利用这个机会，从班级中挑选了一些学生作为贫困认定的评定小组，小东就是其中之一。组织班级开展贫困认定的政策宣讲班会，普及贫困认定以及助学金评选原则、评选条件、工作流程及各种有关资助政策知识。帮助他们理解公平、公正、公开、有选择性申请贫困认定和助学金的原则，鼓励他们申请励志奖学金和自治区人民政府奖学金。同时，积极推荐他们积极参加勤工助学岗位的锻炼。

3.思想引领，加强励志教育。2022年秋季开学，大二学生刚刚开学，有的班级干部因为当兵或者休学、退学等，导致班级班干部的职位有空缺，部分班干部还没有选拔出来。辅导员鼓励小东正确认识自己，积极参加班干部选举。同时，在学生会、团委等换届时，鼓励其报名参加留任选拔。同时鼓励其参加学校组织的各类他比较感兴趣的社团，学会通过自己的努力提升自己。帮助他树立正确的人生观，挖掘他的潜力，激发他向上的动力，教育他学会接受和正确面对生活中的困难，正确对待自己，明确作为大学生的责任，努力成长为一个有能力、有担当的人。

4.学做结合，加强思想教育。当代青年不仅要努力掌握科学文化知识和专业技能，还要努力提高自身内在素质，磨炼沟通能力，增强综合实力。①

---

① 丁顺前.借鉴行知职教理论，强化职教办学特色[J].生活教育.2015（05）：12-13.

在给他们上"职业素养提升"这门课程的同时，指导小东明确自己的职业发展方向，明确每个阶段的目标，明确自身的能力与职业目标要求的差距，并不断提升自己。鼓励小东积极参与国家励志奖学金和自治区人民政府奖学金的评选。消除心理负担，增强自信心，提升素质与能力。

五、经验与启示

通过"扶心""扶困""扶志""扶智"等途径帮助学生，使其充分了解国家的资助政策，充分感受到国家政策所给予的温暖。作为班级辅导员，一方面要扎实做好学生的思想教育工作，做好政策的宣传工作，确保国家资助政策落实到位；另一方面，也要精准掌握学生的思想和心理动态，加强思想政治教育，给学生更多关心和指导，鼓励学生锤炼品质，锻炼意志，在学习实践中得到更好更快提高。

六、案例点评

在现实中，对于这一类的学生，作为老师，我们既要关心关爱学生，也要关注学生成长过程中的思想困惑，要善于洞察学生的思想和心理波动，及时加以正确引导。同时，还要积极挖掘学生身上的优点和亮点，尽最大努力引领学生树立正确的世界观、人生观和价值观，充分挖掘其潜力，激发其向上的力量，用心关心学生，用爱温暖学生，引导学生成长成才。

再见,校园贷!

张舒铭

一、案例简介

某天下午,辅导员突然接到一家网络借贷公司的电话,要求辅导员帮忙联系一位名叫小智(化名)的学生,并且反映这名学生在某网络平台借款后失联,目前欠款已2万多元,而借款的担保人留的是辅导员的名字,因此,想通过辅导员联系督促其尽快还款,否则要自行承担后果。据同班同学反映,小智平时很爱面子,虽然家庭条件一般,但前段时间却网购了一台高档手机和许多名牌衣服、鞋子等,最近发现其总是一副心神不定的样子,似乎很害怕接听到陌生电话。

二、案例定性分析

此案例反映的是学生因错误价值观和消费观,为了满足自身高消费而参与不良校园网贷,涉及学生思想政治教育的问题。

三、问题关键点

1.如何帮助小智树立正确的价值观和科学消费观,正视自身问题,正确解决债务问题。

2.如何引导小智树立文明、理性、科学的消费观。

四、解决思路和实施办法

1.了解原因,适当安抚。主动约谈小智,核实小智贷款的事实。详细了解小智贷款的平台、贷款方式、贷款金额以及贷款用途等信息。适时地安抚小智的情绪，让他不要害怕，校园贷是高息贷，不受法律保护。

2.联系家长，及时上报。通过小智了解清楚情况以后，把事情的详细情况形成书面说明，及时上报上级主管部门。同时马上和小智的父母电话联系，如实向家长反馈小智目前的情况，告知他们虽然学校已经三申五令严格禁止学生参与校园不良贷款，小智还是因为个人的日常生活高消费参与了校园不良贷款，导致现在欠了贷款公司两万多元。但是校园不良贷款不受法律保护，我们应该运用法律的武器去维护我们的合法权益，建议家长和孩子去公安机关报案，让警方介入调查。对于追讨欠款的电话可以不接，也不用害怕，要勇敢面对。

3.批评教育，引导树立正确消费观。辅导员要对小智参与不良网贷的行为进行严肃批评。耐心和小智分析此事的前因后果，原来是因为小智看到有些同学使用高档手机、穿名牌衣服，但是自身的家庭又无法满足自己的欲望，所以只能通过网络借贷的方式实现高消费，这是一种非常不理智、不正确的消费观。教育小智在学校中，应该和同学比谁能学到更多本领，而不是比谁用的东西更贵，要树立正确的消费观，理性消费，合理规划，不虚荣、不攀比，防止冲动消费。

4.召开主题班会，加强法制教育。在班级中开展"远离不良校园贷"主题班会。让学生了解关于不良校园贷的种类和贷款的危害，并自觉远离不良贷款，引导学生在学习中、技能锤炼中比学赶超，形成良好氛围，比学习、比能力、比人格品质，应树立科学健康的消费观，而不是盲目追求潮流，攀比高档消费。如遭遇不良网贷，一定要学会运用法律武器保护自己。

五、经验与启示

1.在日常的生活中，辅导员要引导学生树立正确的消费观。要学会科学理财，对自己的日常开支做好规划，结合个人实际，积极制订每月的开销计划，避免超前消费、过度消费。

2.定期在班级开展摸底排查，对学生参与不良网贷的行为，要做到及时发现，及时了解情况，及时制止。

3.定期组织举办有关法律相关知识的专题讲座，可邀请保卫处的老师现身说法，以真实的案例帮助学生增强法律意识，规范自身行为，自觉远离不良网贷。

六、案例点评

大学生参与不良网贷，实际上与其思想不成熟，消费观、金钱观偏差与法律意识淡薄有很大关系。因此，在日常实际工作过程中，辅导员一定要积极加强对大学生开展世界观、人生观和价值观的教育，引导学生理性消费，合理规划大学的学习和生活，积极树立正确的学习目标，不断加强法律意识的培养，不断提升大学生思想政治教育的针对性。与此同时，还要做好家校联系，双方形成积极联动，通过不断加强学生的诚信教育，引导学生及时还款，并自觉远离网贷，做遵纪守法的合格大学生。

树立正确思想，合理对待恋爱

唐丽媛

一、案例简介

小莫（化名），男，平时喜欢独来独往，不爱与班级同学交流，于 2022 年 7 月份认识了校外的一名女生并谈起了恋爱，两人在交往的过程中，女生以性格不合向小莫提出了分手，但小莫始终没有放弃，频繁联系女生并试图挽回这段感情，女同学不堪受扰于是打电话给小莫的辅导员。辅导员了解情况后，与小莫进行了谈心谈话，小莫表示会尝试调整好自己，但在后来的学习生活中，他总是待在宿舍里沉迷于游戏无法自拔，导致和同学们越来越疏远了。经辅导员多次与他沟通，小莫表示因为之前恋爱受过伤，所以心情一直很糟糕，觉得周围的人都无法理解自己，于是陷入了"自我封闭"的状态，并产生了自暴自弃的想法。

二、案例定性分析

该案例属于学生因对恋爱问题认识不足而产生的思想问题。

三、问题关键

1.如何引导小莫改掉爱玩游戏的习惯，从自卑、封闭等心态中走出来，和其他同学一样能够认真对待生活和学习。

2.如何使学生树立正确的恋爱观，合理对待恋爱，正确对待网络及游戏等。

四、解决思路和实施办法

1.谈心谈话，建立良好的师生关系。辅导员在得知小莫因为恋爱失败而在宿舍里从早到晚玩游戏，导致和同学们越来越疏远的问题后，第一时间找到小莫与其谈话，耐心询问详细情况，让小莫在辅导员的引导下不断地吐露他的心声。在此基础上，辅导员了解到了事情的细节，以身边人为例，讲明谈恋爱的一些观点，引导小莫作出正确的选择。

2.多方联动，让学生感受集体的温暖。首先，可以通过班级集体开展更多的集体活动。由班干部带头，提高小莫的参与意识，帮助他融入集体，感受班集体的温度。安排班干部或同学邀请他参加学校活动或出去玩，鼓励他走出宿舍，不再沉迷游戏。其次，联系家长。辅导员应该随时与家长保持联系，及时沟通，辅导员应能够准确、及时地将学生信息传达给家长，家长和辅导员应该相互配合，帮助小莫面对谈恋爱受挫而产生的变化，给予他更多的照顾。最后，室友通力合作。在学校里，室友是和小莫相处时间最长的人，在日常生活中，小莫可以被室友无形地传达积极的态度，让身边的人在无形中影响他。

3.更新教育观念，引导学生正确上网。作为一种学习工具，电脑在学生的生活中不可或缺。面对小莫的情况，辅导员不应该害怕学生喜欢上网冲浪的态度，而应该努力引导学生把网络变成学习工具。在给学生上课的同时，向他们渗透网络对学习的帮助，让学生对网络的兴趣通过不同的方式转化为一种有效的学习方法。平时可以让学生通过在线制订学习生涯规划书，或者以帮忙辅导员处理事情为由让学生制作照片、视频等，也可以提供一些有用的小网站，举办一些小比赛，让学生正确认识网络，使用网络。

4.召开主题班会，树立正确的恋爱观。爱情是人生的大事，但不是人生的全部。恋爱教会我们爱和被爱，但是作为大学生，我们应该知道自己当下最重要的事情是学习。大学生爱情观应该是理想、道德、事业、责任的有机结合。通过召开专门的主题班会，向小莫以及班级的同学传达正确的爱情观，防止因失恋或其他爱情问题而对他们的心理健康产生负面影响。

五、经验与启示

在小莫的经历中,我深深地体会到学生成长的每一个阶段都是至关重要的一步,在学生成长过程中对学生的教育、引导和陪伴,直接关系学生人格的培养。小莫因为在学校谈恋爱失败而感到沮丧,这导致他不对外人敞开心扉。他远离周围的一切,但他渴望别的同学能够保护自己。他觉得没有人爱他,没有人关心他,所以他开始把自己裹得紧紧的,其他人不能进入他的内心,但是在辅导员、家长和同学们的帮助下,他也能重新开始健康、快乐的大学生活。

六、案例点评

人生没有白走的路,在辅导员的帮助下,学生学会在封闭中慢慢地敞开心扉,并且开始主动寻找阳光,渴望像大家一样感受身边的温暖。看到学生的变化,我很感动,很高兴。作为一名辅导员,我希望我微弱的光能给学生带来一些温暖,照亮他们在黑暗中的道路,也许这一束光是微不足道的,但我相信,这一束光会让学生找到照亮他们生活的火焰!

高职院校学生管理工作典型案例研究

党团和班级建设篇

入党的初心

覃媛

一、案例简介

张铭(化名)性格活泼开朗,是班里的文艺委员,兴趣爱好广泛,平时经常活跃在校园内各种大大小小的舞台上。大一上学期,张铭就主动向所在院系的学生党支部递交了入党申请书。但是在团支部第一次民主推优环节,张铭的支持率却并不高,这让张铭感到愤愤不平,精神上也备受打击。此后,张铭无论做什么都打不起精神来,于是找到辅导员倾诉自己的苦恼和困惑。

辅导员经过调查了解得知,原来张铭经常在同学们面前提起,自己申请入党就是为了毕业的时候能找份好工作。他虽然向党组织递交了入党申请书,但是他本人却经常以演出排练忙为由,时常不按要求整理个人的宿舍内务,导致其宿舍经常因为内务不合格而被扣分,这使得同学们对他颇有意见。

二、案例定性分析

此案例反映的是学生因思想认识偏差和入党动机不纯导致的个人成长受挫的问题。

三、问题关键点

1.耐心倾听张铭的心声,认真做好其情绪安抚和思想疏导工作。

2.详细调查张铭班级民主支持率低的真正原因,引导张铭主动查找自身存在的问题,正确认识问题的根源。

3.从入党的条件、推优的程序等方面加强对张铭进行教育，帮助其正确认识入党的条件及要求，进一步端正入党动机。

4.积极引导张铭从自身查找原因，加强政治理论学习，加强锤炼思想品格，努力改正缺点，积极在各方面发挥好先锋模范带头作用。

四、解决思路和实施办法

1.耐心倾听，积极调查，寻找根源。当辅导员看到张铭主动找自己倾诉苦恼和困惑的时候，一定要充分重视，耐心倾听张铭的心声和烦恼，及时进行情绪安抚和思想辅导，引导张铭学会正确理性看待问题，端正心态，放下思想包袱，从自身寻找原因，继续保持积极、健康、向上的生活态度。与此同时，通过班团干、张铭同宿舍的同学详细了解其日常思想和行为的表现情况，寻找问题根源，针对存在的问题及不足，通过合理恰当的方式帮助张铭正确认识自身存在的问题和不足，引导其主动进行自我改变，进一步提高思想认识，改变以往不当的作风，辅导员也要不定期加强对张铭开展谈心谈话和帮扶教育。

2.对照要求，加强教育，严格考核。辅导员要坚持工作原则和工作立场，要严格对照党员发展的条件，对张铭进行培养和教育。同时，要结合张铭存在的认识误区和思想还不成熟的特点，积极主动加强对张铭等申请入党学生的思想关怀和教育。要对张铭积极开展党的理论知识教育，入党启蒙教育，并结合入党的条件及程序要求，帮助张铭进一步端正入党的动机和入党态度，通过加强对党的理论知识的学习，进一步提高思想觉悟，帮助张铭提高个人自信心，使其思想上和行为上有所改进和提升。

3.正向引导，关注关怀，化解危机。通过关怀教育，帮助张铭学会自我总结和反思，积极寻找问题的根源，并能正确认识自己的缺点和不足，主动分析原因并愿意做改变。同时，引导张铭以积极心态正确看待和对待同学们提出的意见和建议，戒骄戒躁，严于律己，并充分协调好个人学习、工作、生活、兴趣爱好等各方面的关系，进一步培养自己的团队意识和集体荣誉感，努力在思想、学习等各方面取得更大进步。

4.榜样引领，悉心教育，帮助成长。辅导员是大学生成长成才的引路人。因此，结合张铭的实际情况，辅导员要建立常态化的监督教育机制，通过树立榜样、示范引领，认真做好张铭的日常思想教育工作，通过深入课堂、深入宿舍、参加班级第二课堂活动等方式，不断增强大学生思想政治教育工作的亲和力和感召力。与此同时，要加强对张铭的思想表现和行为动态的关注，鼓励张铭积极参加党支部的各种活动，不断提高思想理论素养和政治觉悟。同时，帮助张铭通过学习宣传身边的榜样人物和先进事迹，进一步坚定理想信念，树立信心，在思想上更加成熟和进步。

五、经验与启示

1.加强思想引导教育，帮助学生端正入党动机，了解入党流程，学会客观评价自己。对于像张铭这类性格较活泼开朗，有一定积极性，但思想还不够成熟的学生，辅导员平时一定要注意加强引导和教育。首先，要充分肯定其在校期间突出的表现，也要适当指出其思想和行为存在的缺点和不足，引导其提高思想认识，严格自身行为，自觉遵守学校纪律，学会客观评价自己，并理性对待他人的批评和建议。其次，引导其积极主动学习党的历史，坚定理想信念，加强改造个人主观世界，进一步端正入党动机，并通过政治理论学习以及党支部的培养教育，了解入党要求、入党程序，不断提升自己。

2.要积极发挥党团组织的作用，从思想上教育启迪学生，从行动上引导锻炼学生。辅导员要积极结合自身作为支部党员的身份，对要求入党的青年学生加强思想引导、教育和启迪。引导申请入党的学生自觉加强政治理论的学习，积极参加支部活动，主动接受党组织的培养和教育，进一步坚定理想信念，自觉树立"四个意识"、坚定"四个自信"、做到"两个维护"，刻苦学习，奋发成才，通过在日常的学习和实践中，努力锻炼成长为有理想、有道德、有文化、有纪律的合格大学生。[①]与此同时，辅导员还应

---

① 黄荻，李庆华.大学生担当精神培育研究[J].边疆经济与文化.2021（10）：97-100.

做好学生成长成才的领路人,通过日常的关怀、教育和培养,让学生在思想上、心灵上受到启发,让学生保持热情、拥有信心和希望,能够勇敢面对个人成长道路上遇到的各种挫折和挑战。

六、案例点评

辅导员承担着立德树人的重要职责,大学生虽然思想活跃,有个人的追求和主见,但往往思想和心智还不够成熟。因此,辅导员在开展班级工作建设和学生管理教育过程中,要重视大学生的思想政治教育工作,引导学生主动向党组织靠拢,并积极接受党组织的培养和教育,从而帮助大学生不断提升思想认识,自觉树立正确的世界观、人生观和价值观。[①]与此同时,要帮助大学生积极纠正一些错误的思想观念,引导大学生正确认识入党的目的和意义。积极发挥党组织及党员的教育引领作用,经常性地组织举办一些党的学习教育活动,帮助大学生正确认识党、了解党、忠于党,坚定跟党走。同时,通过积极学习宣传优秀党员的先进事迹,引导学生进一步提升思想境界,在学习实践中,更好更快地成长为思想合格、信念过硬、政治过硬、作风过硬的新时代合格大学生和社会主义接班人。

---

① 潘珏. 浅析如何做好"00后"大学生的思想政治教育工作[J]. 艺术科技. 2019(04):255.

心中有党，伴我成长

张舒铭

一、案例简介

学生党员小杰（化名）近日经常在朋友圈转发一些社会上的消极负面信息，还会在班群里面转发一些网友的负面评论，班长小陈看到后在班级群里进行了发言限制，小杰还为此和小陈争吵了起来。

二、案例定性分析

此案例反映的是学生党员的政治意识不强、党性纪律观淡薄的问题。

三、问题关键点

1.如何让小杰认识到自己的言论不当，对小杰出现的思想偏差进行教育与纠偏。

2.如何引导小杰树立党员带头模范作用，让其真正成为同学们的学习榜样和成长标杆。

四、解决思路和实施办法

1.党员身份要牢记。约谈小杰，教育他作为一名学生党员，日常中应该在思想上、认识上、行动上同党中央保持高度一致。当我们在网络上看到某些消极现象时，不能发表与党员身份不符的言论，不能制造、散播政治谣言、小道消息，不能有损党和国家的形象。"言论自由不等于自由言论"，作为一名党员，不可以在未经考证的情况下，就在朋友圈和班群里面跟风转载或发表言论，尤其是那些言辞、理解略带偏激的言论。

2.及时禁言要肯定，化解矛盾共成长。作为班长的工作职责是协助老师创建良好的班风和学风，建立良好的班级秩序，当班群里面出现不当言论的时候，可以及时把握尺度，第一时间禁言，没有导致不良影响扩大化，应对班长小陈的表现进行表扬和肯定。但同时提醒他作为班长，也要理解同学，学习上帮助，生活上体贴，和老师共同帮助小杰成长。

3.规范政治行为，涵养政治品格。教育小杰作为一名党员在学校生活中，要尊敬师长，爱护同学，热心公益活动，坚持党和人民利益高于一切，时刻铭记党"全心全意为人民服务"的宗旨，要规范自己的政治行为，涵养自己的政治品格，真正成为学生中的先锋模范、学习榜样、进步标杆。

五、经验与启示

1.这个案例中，党员小杰的不当言论与行为提醒了我们辅导员，在日常教育中，要建立对党员"再教育"的长效机制，巩固和提高学生党员的整体素质，保持先进性。要加强党员的日常管理工作，明确党员责任和义务。当学生思想出现偏差时，要立场坚定，用有效的方法进行教育与纠偏；使学生党员真正成为学生中的先锋模范、学习榜样、成长标杆。

2.对班级学生的政治教育要加强，使学生信仰明确、立场坚定、有道德、有教养，做到不造谣、不传谣。辅导员要了解掌握学生思想动态，及时教育引导。要做到政治上关心，思想上引领，生活上教导，学习上指导。

六、案例点评

学生党员小杰的不当言论和思想偏差，归根到底是其党员意识模糊，在日常的党员教育中没有进行深入和系统的学习，没有明确其党员的行为规范和要求。如果不能及时教育与纠偏，增强党性，提高素质，可能就会出现严重的错误。因此，针对党员学生要有计划、有目标地采取相应的教育措施，不断增加学生党员的政治理论知识，教师党员要做好"传带帮"工作，从而使整个学生党员团体水平整体提高。

做好学生党员的教育管理工作

段方雪

一、案例简介

A同学是一名退役复学的学生党员,在校学习期间,能够遵守纪律,积极参加党组织活动。大三外出实习不久,却出现了较大的思想波动,想无故中断实习,存在无法按要求完成实习任务的可能性,对党组织开展的线上活动表现也不够积极。

二、案例定性分析

此案例关注的是实习期间如何加强学生党员的培养、教育与管理问题。

三、问题关键点

1.以端正思想态度为切入口,加强A同学的党员意识及党性修养,进一步做好A同学及其他学生党员的培养、教育与管理工作。

2.及时准确把握实习期间学生党员的思想动态,引导其积极发挥先锋模范作用。

四、解决思路和实施办法

1.了解学生党员思想动态,掌握真实情况。该学生党员从学校步入实习岗位,面临一个身份角色转换的过程,由于对党员身份、党纪认识不足,没有较高的党性修养而出现了一些思想、行为上的偏差。辅导员要及时与本人谈话,并向周围同学及企业师傅等了解情况,综合所有信息,对其进行思想认识上的引导和干预,找准方法来处理问题。

2.以纠正认知为关键，准确掌握学生党员思想认识。学生党员不管在学校的学习生活中，还是在企业实习中，都是非党员同学的标杆，更应对其严格要求和实时把控，端正其思想意识，发挥其模范带头作用，这也是助力他们成长成才的重要因素。因此，在找出党员自身问题的同时，不能一味批评，要适时拿出方法鼓励其认真实习，体会工作的快乐。

3.以多措并举为手段，提升学生党员的先锋模范性。《中共中央国务院关于进一步加强和改进大学生思想政治教育的意见》（中发〔2004〕16号文件）明确指出："严格落实意识形态工作责任制，以党的政治建设为统领，将党的建设与业务工作紧密融合，认真落实全面从严治党要求，不断提升党建工作科学化水平。"对大学生党员要加强党员先进性教育，使他们严格要求自己，提高党性修养，充分发挥在大学生思想政治教育中的骨干带头作用和先锋模范作用。所以，辅导员应该及时找到该生实习企业的党组织和班组主管，与他们沟通该生的具体情况，保持密切配合，及时关注该生的后续表现，着重从思想政治、道德品质、工作表现、同事评价、思想汇报等各个方面，对其加强考量，同时，积极鼓励该生在日常工作生活中发挥先锋模范带头作用，提高他的组织归属感和个人能力。

4.以立德树人为目标，助力学生党员全面健康发展。学生党员是学生中的优秀代表，他们承载着学校、家长的更高期望，在实习期间的个人作风表现，培养关系综合素质的提升，影响将来的职业发展，辅导员应培养学生党员在实习企业中更好地发挥桥梁和纽带作用，助力其成长。根据该同学的好胜心理及唱歌特长，鼓励其报名参加企业举办的歌手大赛，该同学取得了二等奖的好成绩，体会到了勇于表现自我的成就感，增强了对实习企业的认同感和归属感，也促进他从当初的"问题实习生"，逐渐转变为模范实习生。

五、经验与启示

1.建立与学生党员之间的互信度。辅导员若要做好学生党员的培养、教育工作，需要做到在思想上引领，在行动上示范，日常与其加强沟通交流，帮助其解决思想上的困惑、工作生活中的实际问题。这是辅导员建立与学生党员之间的互信度，做好学生党员的培养、教育工作的基础。

2.注重培养学生党员干部的综合素质。学生党员干部，原本是各方面表现优异的学生，面对环境的改变，尚且出现思想、行为上的波动，因此我们应该进一步思考这个问题，找到解决问题的对策。其中最重要的一点就是，需要建立全程化、全方位的学生党员培养机制，特别是注重培养学生党员干部的综合素质，启发、帮助、教育学生党员善于应对学习、工作、生活中的各种情况。

六、案例点评

该案例通过对实习期间出现思想波动的学生党员，进行及时、有效的培养、教育与管理，帮助学生找回了作为党员应有的工作热情和先进模范作用。这启示我们在培养具有社会责任感和实践能力的大学生时，一定要抓好党员这个先锋队伍，做好学生党员的教育管理与培养工作，确保学生党员队伍素质优良、纪律严明、作用突出。

选拔、培训、引导

赵 楠

一、案例简介

小董在新生入校后,积极协助辅导员处理班级事务,性格开朗,追求上进,在班级干部民主选举中被选为班长。后期班级事务不断增加,宿舍矛盾出现,学风问题日渐显现。小董感觉压力重重,在一次与辅导员沟通出现问题的时候,向辅导员提出了辞职。

二、案例定性分析

此案例反映的是因工作压力导致的学生干部队伍建设问题。

三、问题关键点

1.如何引导学生干部学会处理学习和工作的关系,学会统筹安排。
2.如何在学生干部正式履行职责前,进行培训指导。

四、解决思路和实施办法

1.选拔过程要严肃庄重。在班级干部队伍选拔中,只凭借同学们自发的民主选举不一定能选拔出能力突出、态度端正、有责任心、适合领导班集体的学生干部。选拔的时候可以举行一个正式的面试,从学生的沟通能力、工作执行力、组织能力、工作责任心、工作态度等角度全面了解学生的综合能力。如此既能确保干部选拔的科学性,也能让参与学生获得较强的成就感,更好地激励学生干部认真对待工作。

2.干部履职前加强培训。培训内容包括管理、人际交往、解决问题的方式方法、沟通技巧、职责定位等，让学生干部明白干部身份的重要性和重大责任，从思想上认识到一旦缺位，对整个班级的班风学风以及未来大学的生活都可能产生的不良后果。

3.引导干部会统筹安排。辅导员引导学生干部学会处理学习和工作的关系，学会利用各种资源，学会统筹安排等。特别是在遇到困难或无法协调的局面时，及时寻求辅导员的指导和帮助，避免学生干部自行随意处置或闷声低效工作带来的各种潜在隐患。

4.提供平台发挥干部效力。以此事为契机，利用项目作为平台，打造有特色的班级文化活动，让干部有施展的空间。奖惩分明，对不负责的干部要建立引退机制，对工作出色的干部要进行奖励，使学生干部获得荣誉感和成就感，更加有工作拼劲，这利于形成学生干部工作的良性循环。①

五、经验与启示

1.加强时间投入和沟通。良好的学生干部队伍能使辅导员在位而不越位，让学生管理好学生，以学生与学生之间交流方式的优势弥补老师与学生沟通的先天劣势，取得事半功倍的效果。所以，加强时间投入和沟通，培养学生干部的信任感、责任感和使命感。

2.有技巧性地进行管理。加强学生干部队伍培训，让学生干部从思想上认识到工作和能力的重要性。引导学生干部分工协作，使工作快速而高效。让学生干部于问题中提升能力，在获得成就感的同时愿意继续努力发挥干部作用。

六、案例点评

学生干部队伍建设出现问题的原因大致有：学生干部态度不端正、角色定位不明确、缺乏责任心和管理能力、缺乏必要的培训指导。因此加强干部队伍建设非常重要，学生干部队伍建设需要辅导员投入情感、时间，时刻加强与干部队伍的沟通，及时发现问题并解决问题，发挥学生干部队伍的作用。做好这点，辅导员工作会更加从容和高效。

---

① 高治军编.辅导员工作100个怎么办[M].桂林：广西师范大学出版社，2011.

告别消极，共建积极向上的班集体

唐丽媛

一、案例简介

新能源汽车技术专业某班由 68 名学生组成，在入学教育及军训过程中，班级整体表现较好，获得军训先进班级。而在紧张忙碌的学习生活开始之后，班内出现了部分同学学习和集体活动参与积极性不高、上课踩点到教室、宿舍卫生情况有所下降等问题，整体班级管理松散、班干部思想觉悟不高。在某次团课中，班长向我反映班级同学迟到现象严重，导致整个班不能获得二课分。在日常的聊天中，也发现了班群中时不时出现一些"丧气"的词句和表情包。

二、案例定性分析

此案例反映了学生工作中的班级建设问题，班集体凝聚力差，部分班团干角色定位不准确，思想觉悟不够高。

三、问题关键

1.如何帮助学生摆脱负面情绪，让学生具备积极向上的学习生活心态，尽快在大学生活中找到自己的乐趣。

2.如何培养班团干的沟通能力，培养他们管理班级的各方面能力，让班团干在班级管理中发挥带头作用。

四、解决思路和实施办法

1.制定总体目标，鼓励学生积极上进。合理的目标规划可以为学生提供有效的行为动机，帮助他们告别消极。在给学生上"职业素养提升"这门课时，我让每位同学都写一份职业素养提升计划书。结合学生的目标职业，让学生了解目标职业所需的技能以及学生本身技能存在的差距，让学生制定合理目标。同时，根据目前的就业情况和专业特点，向学生介绍西部志愿者计划等项目，鼓励学生继续学习争取在毕业的时候能够专升本。同时以"先进班级"为目标，结合学生手册中"先进班集体"的评价指标，鼓励同学们每个学年向"先进班集体"目标冲击。在班级整体目标的基础上，结合个人自身情况，制定贯穿大学三年的个人成长发展规划。希望通过个人和班集体目标的规划，让学生有理想、有志向、有动力，而不是得过且过。

2.开展各项活动，提升班集体凝聚力。营造积极健康的班级文化氛围是班级文化建设的重中之重，是促进大学生成长的重要途径。针对学生的消极情绪，引导学生在周二制定一些积极的主题团课，比如看积极的视频，讲积极的故事。同时，每周定期举办一些积极的主题班会，帮助他们建立信心，克服对未知的恐惧。针对班级中存在的负能量问题，以班团一体化建设为核心，通过主题团课以及第二课堂的渗透，让学生在获取第二课堂学分的同时激发团队精神，增强他们对班集体的认同感。

3.开展班团干素质提升培训。良好的班风离不开一支优秀的班干部队伍。新生班委成立一个月后，我们将进行班委考核，及时更换不适合再次担任班委的同学，重建一支精神面貌良好、合作能力强的团队。在日常管理中，要求班干部每两周总结汇报一次班情，既能帮助辅导员深入了解班级情况，又能培养班干部的思考能力和表达能力。不定期召开班团干部培训班会，纠正思想偏差，提高班级管理能力。

五、经验与启示

辅导员走近学生，才能走近学生，在学生入学期间就要引导他们对自己未来三年的学习生活进行规划，让学生制定学习生活规划是创建良好班集体的前提。同时，在成立班级干部时要让班团干各司其职，形成合力。

辅导员在学生入学之初，就要注重创建一支具有责任感、服务意识和榜样意识的班团干队伍，让班团干在为班级服务的同时能够引领同学们养成积极向上的精神。同时，运用换位思考的方法帮助和引导班团干掌握有效的工作方法和沟通技巧，引导其合理分配学习与工作时间，在责任分工、各司其职的基础上，相互配合，共同管理好班集体。

六、案例点评

本案例属于学生班级建设案例。在班级管理的过程中，作为学生辅导员，不仅要帮助学生正确认识自己，让学生做好规划，同时又要对班级干部进行定期培训，让班级干部能够在"学生"和"干部"之间进行身份转换，只有做好了自身角色和他人角色之间的转换和调整，班级干部才能够更好地把班级管理好。对于刚进入大学的新生来说，一个健康有活力的班级，不仅能让他们更快地适应大学生活，而且对他们未来的大学生活和人生成长经历都有非常积极的作用和意义。

切断源头，纠偏思想

赵 楠

一、案例简介

入党积极分子小邓（化名）向辅导员咨询关于党员如何发展的问题时，询问他有多大机会能发展成为预备党员。辅导员在与其深入交流中，辅导员了解到，小邓未来的规划想要进入某个单位工作。这个单位对应聘者的要求之一是必须是预备党员或党员。所以，他非常希望抓住在校发展党员的机会，成为预备党员。

二、案例定性分析

此案例反映的是学生在政治思想和入党动机上的教育问题。

三、问题关键点

1.如何引导小邓端正入党动机。

2.如何正确执行学生党员发展制度，提升党支部活力。

四、解决思路和实施办法

1.谈心谈话，引导学生端正入党动机。辅导员了解了小邓的入党动机，先肯定他积极向党组织靠拢，想成为一名预备党员的想法，但明确指出他的入党动机不单纯，需要在以后的工作、学习、生活中端正入党态度。辅导员建议他对照考察内容、党章要求，先进行自我检视，找出不足并改正，争取早日达到标准。

2.加强考核、推选流程制度的宣讲。进行入党积极分子党课培训时，应加强考核、推选流程制度的讲解，使学生明确成为党员的基本标准要求。考核推选制度的初衷是对每一个真心入党的学生负责，营造一个公平、公正、公开的环境，把真正优秀的、符合条件的学生推选上去。①

3.重温入党誓词，加强支部凝聚力。加强支部凝聚力，使之不忘初心、牢记使命，为早日入党打下基础。

4.合理运用活动载体，提升支部活力。从群众中来，到群众中去，做好群众志愿服务，争取群众认可，以获得党员身份的荣誉感，通过服务同学、服务群众等方式，争取做积极向上的形象代言人，树立党支部在群众中的良好形象。

五、经验与启示

1.充分鼓励渴望入党的学生。辅导员作为党员，从最初学生递交入党申请书开始，就要了解学生情况，从多方面考察他们的入党动机，及时纠偏。推荐优秀团员作为入党积极分子时，要严格把关，始终把政治标准作为发展党员工作的首要标准。

2.充分发挥培养联系人的作用。在培养考察期间，培养联系人要定期对积极分子进行了解、谈话，掌握其在培养期间各方面的情况，并适时地给予建议、鼓励。②对于只关注自身、没有奉献精神的入党积极分子，在发展过程中应慎重考虑。培养联系人只有把工作做实做到位，才能把真正符合条件的入党积极分子发展为党员。

3.通过一系列评比标准，引导学生坚定理想信念。党支部应完善党员发展具体实施制度，营造一个更加公平、公开、公正的环境，坚定学生的理想信念，端正其入党动机，发展真正符合党员要求的学生。

---

① 舒琳主编.高校辅导员工作典型案例集[M].北京：人民交通出版社，2021.
② 张学芳.严格标准 严格程序 严格培养 严格责任——构建高职院校学生党员质量保障体系[J].科教导刊（上旬刊）.2018（8）：95-97.

六、案例点评

辅导员作为党员的身份,有时身兼党支部书记或组织委员、宣传委员,这是高校学生工作中的常见现象。辅导员可以更好地发挥党员思想政治引领作用,在学生中既要言传更要身教,使学生能在良好风气中不断提高和完善自己。在入党积极分子出现入党动机不纯、入党信念不坚定、入党意志不坚定时,辅导员应适时给予批评和建议,使入党积极分子按照党员的标准严格要求自己,从多方面提升,争取早日入党,这也是这个案例要达到的效果。

建设班集体，从入学开始

庞家榆

一、案例简介

A班级是某院校大二班级，班级总人数为61人。自学生入校以来，辅导员便积极开展班级建设规划，引导同学们友爱友善，积极营造良好班风学风。经过一年多时间的建设，该班级班风学风良好，具有较强的班级凝聚力，学生积极向党组织靠拢，并积极参与校内外各种实践锻炼，学生平时经常活跃在学校各大社团及校园活动当中。在大二春季学期，该团支部还被学校评为"魅力活力团支部"。

二、案例定性分析

此案例反映的是班级的党团建设及班风学风建设问题。

三、问题关键点

如何建设优秀、具有凝聚力的班集体。

四、解决思路和实施办法

1.思想教育，从入学抓起。自新生开学以来，便开始对学生进行思想教育工作。通过下宿舍、谈心谈话、召开班会等形式，深入了解学生，清楚学生内心所想，掌握学生父母联系方式，形成家校育人合力。

2.注重学班委的选拔培养。班级建设的关键是班委建设。在班干部的挑选上，有责任心的优先，必须具有奉献精神，能真心实意把班级发展建设放在心上。同时我会要求团支部、班委会成员认真负责，发挥学生主观能动性，培养他们自我教育、自我管理、自我服务的能力。同时保障学生监督干部的权利，但同时对待班级所有同学做到一视同仁，公正对待所有学生。同时格外重视对班长的培养，班长是班级的灵魂人物，对班级的风气影响重大，从开始就要发挥新生班长的模范作用，培养其班级主人翁意识，发挥表率作用。作为班长，必须有强烈的自制力，自觉遵守纪律，端正工作态度，积极发挥表率作用，才能用自己的实际行动，感染班级的同学，使之形成向好的行为习惯。作为辅导员，在平时相处中就要培养新生班长的主人翁意识，自觉负起管理班级的责任，要让他们懂得：自己作为一班之长，要注意与同学们相处的方式方法，不可以盛气凌人，摆架子，而应和睦相处，要平易近人。

指导新生班长在与其他班委会成员一起工作时，要做到顾全整个班级，要具有团结合作精神。辅导员在召开班委会时，要明确每个班委的具体职责，让每个班干明确自己的具体工作是什么，给予工作的动力。尤其应提醒班长，不用大包大揽，事必躬亲，不然自己压力太大，其他班干也得不到锻炼机会。作为班长，起到一个带头示范以及总揽全局的作用即可。

3.规划引导学业，开展入党知识教育。新生入学伊始，便组织学生参加专业介绍，加强新生对专业的认知，引导学生依据自己的特点，以及专业性质，制定自己的学习规划，帮助学生自我认知、了解专业。开展入党知识启蒙课，鼓励引导同学们积极向党组织靠拢，为国家做贡献。

4.文明养成，日常管理常抓不懈。对学生上课纪律，宿舍内务，是否晚归、不归等内容进行每日检查，教育学生遵守纪律。要求班干部与上课老师密切配合，抓好平时的出勤，遵守课堂应当遵守的规则，为同学们建设良好的学习环境。实行规范的请假制度，并做好制度的解释工作，让同学们明白是为了保障他们的安全。宿舍是同学们在校待的时间最长的地方，必须严格要求、严格落实寝室查寝制度，不定期对宿舍卫生进行检查，排查安全隐患，建立文明、健康、安全的生活环境。

五、经验与启示

班级的建设是一件长期投入时间和精力的事情，辅导员需要做到：

1.从新生入学伊始就讲清楚各种班级规则，大家共同遵守。

2.积极与学生交朋友，多下宿舍，及时了解他们的思想动态。及时发现问题，因材施教，积极引导其走向正途。

3.选拔培养一个优秀的班委。班委做好示范带头作用，带领全体同学共同努力建设优秀班集体。

六、案例点评

大学生自身发展效果如何，是衡量班集体建设成功与否的重要依据。从本质上来说，培养德、智、体、美、劳全面发展的班集体不是目的，而是一种手段，班集体建设的最终目的是学生的发展。作为辅导员需要投入较多的时间到班级建设中，并思考如何因材施教，有针对性地教育学生，引导学生成长，帮助学生成才。

高职院校学生管理工作典型案例研究

学风建设篇

关于网课那些事

张舒铭

一、案例简介

2021年秋开学因为新冠疫情的影响，按照"停课不停学、停课不停教"的总体要求，我校学生返校后在宿舍进入了网课学习期。经过了解，在网课学习期间，班上的旷课学生人数越来越多，一些学生甚至在上课的时候，其实只是进入网络课堂，老师提问无人应答，自己在一边做其他事情。

二、案例定性分析

此案例反映的是学生网课学习期间出现旷课或者应付式上课的问题。

三、问题关键点

1.如何解决学生网课旷课和应付式上课的问题。

2.如何引导学生树立正确的学习观，科学规划大学生活，回归正确的学习成长轨道。

四、解决思路和实施办法

1.全面排查，重点约谈。针对网课出现的旷课和应付式上课现象，辅导员先通过深入学生群体，走访宿舍，通过班干了解情况等方式进行全面排查，确定经常旷课和应付式上课的学生名单，然后对经常旷课和应付式上课的学生进行分类谈话，了解具体原因，对症下药。对旷课的学生进行批评教育，对旷课较多的学生及时进行纪律处分。对应付式上课的学生进行教育引导，使其明确课堂纪律和要求。

2.严格考勤，严明纪律，教育为主。建立值周班干每日每课考勤制度，登记在表。值周班干每日向辅导员汇报课堂考勤情况，班干做到早发现、早反馈，辅导员做到早教育、早整改。辅导员要和任课老师保持密切联系，针对一些缺课和应付式上课的学生进行情况核实，做到信息互通，预防信息的谎报和瞒报。建立课堂纪律巡视小组，由主要班干进行不定时的宿舍课堂巡视，及时对一些应付式上课的学生进行督促和教育。

3.收集信息，搭起沟通的桥梁。辅导员通过调查问卷等方式，征集学生的意见，对网课的形式或者对专业学习的方式提出意见或者建议，及时和专业老师交流沟通，对网课进行调整和整改，搭起老师和学生间的沟通桥梁，让同学们真正爱上网课、爱上学习。

4.开展班会教育，营造学习氛围。结合网课期间旷课和应付式上课的情况，在班级里开展一次线上的"关于网课那些事"的教育主题班会，让同学们树立正确的学习观，重视网课，引导学生在网课上要遵守课堂纪律、参与课堂讨论、按时完成老师布置的课后作业，树立正确的学习观，科学地规划大学生活，在班级里营造和谐、进取的学习氛围。

五、经验与启示

1.不能简单采用单一的方式解决问题。对于学生网课旷课和应付式上课的情况，辅导员不能"一棒子打死"，也不能一味"戒严式"教育，要动之以情，晓之以理，既要严明纪律，也要明确态度，要根据具体的情况选择不同的处理方式。

2.在学生管理中，要与学生平等对话，互相尊重。对学生要关心、用心、耐心、细心，让学生感受到老师的真诚和用心良苦。适时引导学生树立正确的学习观，做好大学期间的成长规划。

六、案例点评

在疫情期间，网课是新的学习方式，辅导员要引导学生适应新课堂，转变观念，摒弃旧思维，调整好心态，重视网络课堂，树立正确的学习观。

刚柔并济，加强学风建设

段方雪

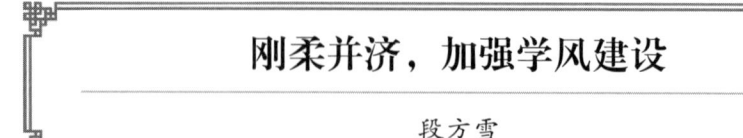

一、案例简介

某大一班级主要由单招对口生源组成，学习基础较薄弱。在平时学习习惯上，多数学生缺乏自我管理能力。开学不久即发现迟到、旷课现象严重，课后作业拖拉、抄袭情况频发，男生课余时间多在宿舍打游戏，缺乏主动学习意识，班级学风状况堪忧。

二、案例定性分析

这是一个关于班级学风状况较差、急需加强学风建设的案例。

三、问题关键点

1. 如何尽快对大一新生进行规范和教育，建设优良学风。
2. 如何刚柔并济，对班级实施有效的教育管理。

四、解决思路和实施办法

1. 入学伊始，及时规范和教育。在开学的最初一个月内，辅导员每周定期进行班会教育，以学校规章制度教育和学生学业规划教育为主，并在课上课下多方面关注，了解学生入学后的思想动态和行为趋势。

2. 对学生进行逐层分化管理。在前期观察和了解学生的基础上，对学生进行逐层分化管理：将少数学习成绩较好、各方面表现尚可的学生分化出来，作为示范和典型，适当把他们安排在班委的岗位上；少数有其他才能和特长，平时表现很活跃，但总是在纪律上缺乏自我约束，容易犯错的学生，对这部分人采取较严的纪律管束；个别纪律观念很差、自由散漫的学生，直接跟其约法三章，对于他们的行为赏罚分明，减少制度和纪律的弹性。

3. 制定班级管理规定，严格执行。在《学生手册》基础上形成本班的班级管理规定，并张贴在自习教室和宿舍内，让学生严格对照执行。辅导员平时加强检查和监督，定期跟任课老师了解学生课堂表现等情况。对于违反学校纪律的学生，实行重点关注检查，让他们始终觉得辅导员就在附近、就在身边。在请假、宿舍管理、日常行为规范等制度上，严格执行，绝不宽宥，让学生形成"辅导员很严格，对纪律不打折扣"的印象，让他们自己在心中树起警戒线。

4. 奖罚结合，定期考核。辅导员对于在课外活动中获奖的一些特长学生，给予适时赞赏，并鼓励他们把同样的热情迁移到学业上，避免他们站到班级管理的对立面；对于违纪违规的同学，实行预警机制，达到约定的处罚程度就按章处理，绝不容许仅写份检讨就应付了事；严格实施综合素质考核，每个月将考核结果告知学生，让他们知道自己的行为可能造成的后果及对毕业资格的影响。

五、经验与启示

1. 及时转变学生对大学的认知。高中生、中职生由于各种原因，会有"大学比较宽松、比较自由"这样的印象，因此需要从入学开始就转变他们对大学的片面认知，让他们知道大学一样会有严格的要求。辅导员可以通过一到两个学生的违纪处理，初步树立威信，以便后面开展班风学风的建设工作。

2. 要充分考虑学生的逆反心理，刚柔并济。严格管理可能会引起学生的抵触情绪，所以制度上严格的同时，一定要做到感情上柔和，虽说制度的执行必须要有刚性，但在处理方式和尺度的拿捏上，也需要考虑不同学生的个性和承受能力。

六、案例点评

本案例反映的是生源质量下降后,高职院校如何建设优良学风的问题。学校要实现教育的基本职能,需要辅导员和任课老师付出更多的精力、时间,以设计实施全新的教育管理模式。"以人为本"不是迎合学生的所有需求,而是应当以学生的长远发展为本,短期内看似工作难度大、成效不明显,但是学生最终会明白老师的良苦用心。

正视自己，自信成长

赵 楠

一、案例简介

小李（化名）休学一年后复学到大二年级，休学之前挂科较多，经常旷课。复学之后，根据所在班级主要班委反映情况得知，小李上课经常迟到甚至旷课，说是听不懂、怕老师提问才这样，他很少与班上同学交往，比较沉默，与人说话时总低着头、声音小、不敢正视别人的眼睛，从不愿甚至排斥参加班级活动，问其原因表示是怕自己无法正常参加班级活动，平时通知的事情也基本不回复。此外，小李不与所在班级同学住在一起。如此下去，小李很有可能无法顺利拿到毕业证。

二、案例定性分析

此案例反映的是学生因不自信导致的学业问题。

三、问题关键点

1.如何帮助小李认清学业的重要性，养成良好的学习习惯。
2.如何家校合一，共同监督，引导小李解决学业问题。

四、解决思路和实施办法

1.约谈了解，助其融入班级。与小李交谈中，了解到该生性格比较散漫，休学之前不与班级同学互动交流，养成了打游戏、睡懒觉的不良习惯。小李复学后，这种情况不见好转，不参加班级活动，不认识班级同学，难以融入新班级。辅导员认真倾听小李的陈述，帮助其分析问题产生的缘由：

不自信和不良学习习惯。对小李的错误行为进行批评教育，同时向其说明学校关于迟到、旷课的相关管理规定，以及他现在的表现面临的处分种类。交流期间时刻关注学生的情绪变化，及时做好安抚工作。另外，辅导员通过班会和晚点名的形式，多次让小李进行自我介绍，并把小李调到本班宿舍住，加深同学们对他的印象。同时要求小李将班级群设置为置顶，方便信息接收，并嘱咐班长、学习委员等主要班委平时多关注小李，如遇到特殊情况及时报告。经过一段时间之后，小李与班上同学特别是班委渐渐熟悉，也渐渐参与一些班级活动了。

2.结对帮扶，培养学生自信。在小李的学业帮扶工作中，辅导员作为主要帮扶人，不定期向任课老师了解其学习情况，分析其挂科的原因，帮助小李梳理课程知识点。同时借助任课老师、班委的力量进行帮扶，帮助其因听不懂或旷课而落下的课程内容，尽量消除学生学习心理上的障碍，培养学生自信。

3.告知家长，共同关注监督。联系家长，把小李的学习情况和不良表现以及可能出现的严重后果一一告知，家长起初因对大学的认知偏差，认为学业问题不会影响顺利毕业，经过不断沟通后，家长才真正重视孩子的问题，开始关注小李的在校表现，经常与孩子沟通，并来校看望，督促小李好好学习，小李的学业问题已逐步得到解决。

五、经验与启示

1.查找问题原因。辅导员要找到学生学业问题的真正原因，必须从学生本人、家长、同学之间与辅导员交流中找到问题症结所在。只有这样，才能找到针对性的解决办法。

2.制定可行措施。辅导员根据具体情况制定解决方案，不同的学生解决方法不一样，但存在学业问题的学生内心深处渴望被关注、关心是一样的。可以从班级和宿舍归属感、同学认同感出发，让学生真正融入新的班级，进入正常学习。同时从帮扶措施上，帮助学生跟上学习进度，从而引导学生走出困境。同时，应家校合一，共同关注学生，才能更快速有效解决问题。

六、案例点评

休学学生大多存在学业问题，大多自律能力较差，并且因为其他多种原因，逐渐处于班级边缘，最后变得自暴自弃、得过且过。辅导员针对该生的学业问题，查找原因，制定可行措施，有效地教育引导，给予学生关心和帮助，助其走出困境。

多方协调联动，改变学习态度

唐丽媛

一、案例简介

受新冠疫情的影响，学校 2021—2022 学年第二学期的前两周实行网络教学。网络课堂的考勤，是根据学生在腾讯课堂或是腾讯会议等平台上签到情况来计算的，超过时间签到登记为"迟到"，没有签到登记为"旷课"。网络授课期间，某班个别学生存在迟到和旷课现象。小阮（化名）在校期间表现一般，偶尔迟到和旷课，学业成绩排在班级倒数，有 3 门功课不及格。网络授课后该生经常迟到，同时出现旷课、不交课程作业的情况，问题进一步加重。

二、案例定性分析

该案例主要反映了学生上学期间个人学风出现了问题，不能端正学习态度，找不到学习方法，缺乏学习毅力，忽视学习纪律。

三、问题关键

1.如何引导学生端正学习态度，正确对待考试，端正其在校期间的学习态度。

2.如何引导学生分析产生早退、旷课问题的根本原因。

四、解决思路和实施办法

1.谈心谈话，建立自信。辅导员每天通过值周班干部了解学生出勤情况，及时联系学生，了解迟到或缺课的原因，让学生逐渐认识到学习是自己的事，靠的是个人意识，老师和同学的提醒和帮助是有限的。经过几次交谈，学生们的迟到现象减少了。这个时候，我会在班会上强调出勤率，特别是表扬最近行为有所改善的学生。针对作业问题，帮助学生认识到作业做得好不好，作业是否按时交，这体现了两种不同的学习态度，引导学生纠正学习态度，按时交作业，并与相关老师取得联系，将作业完成情况进行对比分析，及时把好的一面反馈给学生，从而不断增强学生的学习自信。

2.互相帮助，共同进步。联系该生班上学习成绩最好的同学小秋（化名）以及一名品学双优的班干部组成帮扶小组，在每节线上课或者线下课前后提醒和跟进，督促该生逐步按时上课，按时完成作业，鼓励他在课堂上展示自己。经过近3个月的跟踪辅导，该生能够积极参与课堂讨论和学习。即使没有同学的监督，该生也能按时参加线上课程，没有旷课、迟到、早退的现象。在同学的帮助中，该生逐渐表现出了自己的善良和真诚，与同学的关系也进一步加强，他对自己的期望也在提高。

3.家校联动，帮助成长。辅导员将学生在学校课程期间的表现告知家长，询问家长是否了解学生最近的网络课程学习情况，使家长能督促该生认真学习。家长也是教育的关键力量。家长对孩子学习的关心至关重要。在处理农活的同时，他们会及时督促和提醒该生每天按时参加网络课程。辅导员与该生及家长进行多次沟通，全面反馈该生的学习情况，深入帮助该生纠正学习态度，掌握学习方法，培养学习毅力，尊重学习纪律，养成良好的学习习惯。

五、经验与启示

从事学生管理工作的教师要有高尚的奉献精神。辅导员在日常琐碎的管理事务中要做到有温度地管理，对每一个学生都要有耐心，才能够走进学生的内心，获得学生的信任。大学阶段是大学生自我意识逐步增强的阶段。刚进入大学的新生通常会面临学习混乱等问题。他们的自我意识还处于逐步增强的阶段，不能正确认识自己，对未来缺乏规划，不能客观正确地看待"我是什么样的人""我为什么是这样的人""我能做什么"等问题。他们大多沉迷于自我，易与身边的同学、朋友攀比，这个阶段的自我意识是片面的。因此，辅导员要在日常的学习生活中不断地引导学生，让他们认识到真正的自己。

六、案例点评

在网络教学期间，对于在这个特殊时间迟到、缺课的学生，要及时联系和关心。一方面要确认学生在线上课是否遇到困难，是否发生意外；另一方面，传达老师的关心，让学生知道，即使是在线课程，老师也是关心他们的。与学生保持密切联系，了解学生动态，第一时间发现学生异常，把不良学习习惯和不正确思想扼杀在摇篮里，引导学生发挥学习主动性和积极性，推动学生学习不断进步。

树立目标，扬帆起航

张舒铭

一、案例简介

某一天小雨（化名）发了一条QQ信息给辅导员，信息中写道："辅导员，我想办理退学，您什么候有空？"印象中，小雨是一位爱笑的男孩，刚进学校的时候做事积极，对老师同学都很热情，学习也很认真。一个学期过去了，是什么原因让他想到要退学呢？辅导员在后续的信息交流中，了解到小雨想退学的原因是刚进学校的时候感觉一切都很新鲜，上完课以后就没有老师再督促交作业，也不像高中时那样每天晚上都要晚自习，课程也没有排得满满的，他感受到前所未有的自由。可是时间长了，他也不懂安排空余的时间，于是开始玩起了网络游戏，因为每天晚上玩游戏玩到比较晚，导致第二天没有精神听课，甚至多次旷课。除了上课的时间，也没有老师专门给他补课，他感觉学习没有动力，没有方向，在大学也学不到东西，于是萌生了退学的想法。

二、案例定性分析

此案例反映的是学生因无法适应大学生活而萌生退学想法的问题。

三、问题关键点

1.如何帮助小雨调整心态适应大学生活。
2.如何引导小雨做好大学生涯的规划，树立正确的发展目标。

四、解决思路和实施办法

1.立即约谈,教育引导。辅导员在和小雨的谈话过程中,要关心、细心、耐心,认真聆听他的诉求和困惑,让他感受到辅导员是真心要帮助他的。适时进行教育引导,首先,让小雨明白大学的学习模式和高中是有区别的,高中是老师倒灌式的被动学习,而大学是自由式的主动学习。其次,除了专业课程的学习,作为一名大学生更应该提高综合能力,加强第二课堂学习、积极参与社会实践,在这些活动中提高自己的综合能力,这样才能更好地适应社会。

2.丰富校园文化活动,明确发展方向。辅导员鼓励小雨积极参加社团活动、班级活动,在丰富的校园文化活动中,填补无聊的时间,避免把时间浪费在网络游戏上消磨意志。让小雨在潜移默化中明确发展方向,培养责任感。

3.积极帮助,做好规划。辅导员联系专业老师和小雨进行学习困惑交流,理解专业内涵,明确学习目标,制订个人学习计划,让小雨养成良好的自学习惯,掌握科学的学习方法,提高学习效率,做好大学三年的学习规划和未来的职业规划。

4.交流经验,学风建设。通过小雨的努力,他终于走出学习的困境,找到适合自己的学习方法,在"如何适应大学生活"为主题的学风建设班会上,通过小雨的经验分享,辅导员的耐心引导,每位同学都根据自己的真实情况,制定个人规划的蓝图,调整心态,顺利度过大学适应的焦虑期。

五、经验与启示

1.及时为学生解决问题。辅导员要耐心、细心、关心,切实了解学生的困惑,特别是新生适应期,要做好心理帮扶教育引导。

2.通过个例,实现点带动面。班风学风建设是班级管理的核心,通过典型学生分享,教师教育引导,帮助学生制订个人学习规划,做到有目标,有发展,营造良好的班风和学风。

六、案例点评

作为高校辅导员，解决学生问题是我们工作的根本。只有根据问题的具体情况，进行具体的分析，才能解决问题。辅导员要在工作中有爱心、细心、耐心，才能把工作做到极致。

共情、倾听

赵 楠

一、案例简介

学生干部因为同学的上课积极性不高、低头族较多,要求同学上课时统一存放手机。部分学生对这种举措表示强烈不满,认为是表面功夫,学生学习动力不足的问题根本得不到解决,还侵犯了学生个人权利。

二、案例定性分析

此案例反映的是学生因手机集中存放导致的学风建设问题。

三、问题关键点

1.如何解决学生对班委规定的不满。
2.如何提高学生的学习动力。

四、解决思路和实施办法

1.倾听学生的想法。了解不满学生的想法,如果对班委的这个方案不满意,共同探讨是否有更好的方案可以提高学习动力。结合班级学生的讨论,针对提高学习动力找出更合理的方法。

2.引导学生换位思考。引导学生从班委的角度去思考,了解和明白学校、班委对学生的严格要求并不是一件坏事,学生认为好的东西不一定是完全正确的。同时也让学生明白懂得维权是好的,但是要明白权利和遵守学校规章制度之间的关系和区别。

3.加强班干的教育和培训。引导学生干部在工作中应注重方式方法,既要表扬班干取得的好的工作成绩，也要指出工作中存在的不足，并利用正确的方式予以警示。引导学生干部要充分相信集体的力量，保有持久的工作热情，能管理和服务好班级；指导学生学会自我管理、自我服务的一些基本方法，及时缓解班干工作压力。

五、经验与启示

1.重视学生大小事。学生工作无小事，只要学生有疑问，辅导员就应该针对问题进行讨论并提出解决方案。对学生的不满要重视，要尊重学生，要解决学生提出的每一个问题。

2.做学生的良师益友。当学生有不满情绪时，辅导员要及时进行反省，是否做到以身作则、公平、公正。只有自身做好了，才能让学生真正地信服，而不是简单粗暴地让学生一味服从。辅导员应学会探索运用新的方式来引导学生自强弘毅，形成积极向上的心态。

3.建立动态机制。在处理问题过程中，不是解决完就结束了的，矛盾是动态、发展的，解决完之后，要观察后续事件发展情况，以确保问题确实得到有效解决。

六、案例点评

在实际工作当中，学业指导涉及的问题还有很多，辅导员工作要重视引导学生学习，使其保持学习动力，提高学习效率。辅导员对学生进行学业指导时，既要真正解决好学生的学习问题，也要运用科学的教育方法与艺术，才能得到学生的认可和接受，辅导员才能发挥最大作用。

对症下药，建设良好学风

庞家榆

一、案例简介

A学院的某一新生班级，因原先大部分同学为中职院校的学生，对学习的积极性不高，且大多数人抱着"六十分万岁"的心态，甚至是挂科也无所谓的心态，在学校"享受生活"，对学业更多的是一种随缘的态度。导致出现了上课踩点到，上课思绪游离的情况，最后期末考试中出现了较多学生挂科，甚至须重修的情况。

二、案例定性分析

此案例属于班级的学风不良的问题

三、问题关键点

1.找到班级学风不良的原因。

2.如何根据学风不良的原因，对症下药建设好班级学风。

四、解决思路和实施办法

1.进行思想教育，树立典型，激发学生的学习动机。多次召开学风建设主题班会，通过讲述真实案例，阐明正确道理、谈严重性的方式纠正班集体现有的不当思想和错误言论，端正学生的学习态度，表扬鼓励学习上下苦功夫的学生，设立学习先锋模范，心理学认为，人的需求引发动机，动机引起某种行为。当学生看到学习先锋模范同学受到学校、老师的表彰和肯定时，就有了努力的方向，会自觉地朝这个方向去努力。个人的自我尊重、受表彰的欲望和积极进取的心理等内在心理需要也得到充分激发，带来学习动力，实现自己的目标行为，逐渐地转化为自身的杰出品质。同时还请大三的学生讲述他们在找工作或者升本过程中遇到的难题，引发学生的危机意识，提供给学生以学习动力。

2.加强学习监督，建立合理学习制度。因为大部分学生的自制能力较差，自我规划能力也比较弱。所以需要一些硬性的规定来督促学生。比如：班委每节课的点名，规范学生的上课纪律、班委配合学生会检查晚自习缺勤人数、学委积极配合老师按时收作业、每天晚上的查寝汇报等，通过这些纪律规范督促学生建立良好的学习习惯，对于违反规定的同学叫来办公室谈话批评教育，让其写检讨书，深刻反思自己的行为，屡教不改者会给予纪律处分和联系家长。

3.加强与家长的交流和沟通，形成家校合力。平时加强与学生的日常沟通和交流，掌握学生心中所思所想，针对影响该班学风建设的家庭因素，采取多样化的形式与家长沟通谈话，让家长了解学生的在校情况，配合学校做好教育工作。在每学期考试成绩出来后及时将该班学生的成绩以短信的形式发送给学生家长知晓。对于个别在学习上有较大困难的学生，坚持每月与他们家长联系一次，将学生近期的学习情况告知家长，形成家校合力共促学生完成学业。

五、经验与启示

建设班级良好学风，不是一件能够一劳永逸的事情，而是一个长期奋斗的过程，需要学校、家长和学生自身多方长期共同努力。

1.辅导员要积极调查掌握班级学生的学习情况，因材施教，对症下药。对待不同的问题，不同的学生灵活采用不同的方式方法解决问题

2.积极利用班级班委和家长的力量来建设优良的班级学风。

六、案例点评

高校班级学风差，大学生学习懈怠，整治的建设工作要注意对症下药，并且没有调查就没有发言权，要在详细了解后找到根源而后采取针对性措施，过程中当注意方式方法，以人为本，做有温度的教育，不可站在学生的对立面做工作。同时，要善于调动多方面力量，不能孤军奋战。

高职院校学生管理工作典型案例研究

学生日常
事务管理篇

处理违纪，把握教育契机

段方雪

一、案例简介

A 同学由于晚上在校外做兼职，开始出现晚归的现象，加上在中职时期已经养成自由散漫的习惯，到了高职，依然缺乏应遵守校规校纪的意识，直到有一天出现了夜不归宿的情况。

二、案例定性分析

此案例反映的是学生因在校外做兼职及纪律观念差而导致晚归、旷宿等违反学校纪律的问题，这种偏差行为应该及时关注和处理。

三、问题关键点

1. 如何引导 A 同学做到自律、自觉，养成良好的纪律观念。
2. 如何及时全面掌握学生动态，做好日常教育管理工作。

四、解决思路和实施办法

1. 及时联系，深入了解，教育引导。辅导员多方联系督促 A 同学返校后，第一时间与 A 同学进行沟通，了解整个事件的来龙去脉。无规矩不成方圆，在与 A 同学沟通过程中，把学校《学生手册》中的相关违纪处理规定向 A 同学进行强调说明，并结合实际情况，耐心对其进行教育引导。

2. 全面排查，标本兼治。高校辅导员应"掌握学生思想行为特点及思想状况，有针对性地帮助学生处理好思想认识、价值取向、学习生活等方面的具体问题"。本案例可以作为典型的教育契机，辅导员组织班级班委协同排查此类现象，做到不瞒报、不漏报，及时发现、上报、解决，防患于未然。①最大程度杜绝此类事件再次发生，在学生心中画定纪律"红线"，时刻提醒学生校有校规，自由是在纪律调控之下的自由。

3.家校协同，形成合力。辅导员把学生违纪事件的基本情况及时告知家长，对学生目前的状况和存在的问题，以及学校相关的处罚规定进行解释说明，并希望家长多与老师进行交流，采用合理的方式与学生进行沟通。力争处理事件时辅导员能与家长达成合力，弱化冲突，取得一致意见，从而共同帮助学生养成遵规守纪的习惯。

4.全面总结，由点及面。在事件处理结束后，及时面向全体同学进行警示教育，由点及面，从个人强化延展到集体引导。比如案例中，该学生违反了校规校纪，在给予其校规内明确规定的相应处分的同时，还应该向其解释清楚处罚的原因以及违反校规会对其自身造成的系列后果。进行处罚后，多关注学生情绪变化，观察学生是否真正认识到自己的错误，在今后是否能够做到遵守规定、理性处事。同时，及时发现和掌握、了解学生在日常生活中可能会产生的一些倾向性和苗头性问题，提前做好预防性教育工作。另外，通过常态化谈心谈话、不定时查课查寝，随时随地了解学生动态，有针对性地进行引导，以便以点带面，扩大教育影响，通过这种形式也可使学生充分吸取前人教训，避免类似错误的再次发生。

五、经验与启示

1.及时了解学生动态，做好日常教育管理。运用"共情"打开学生心扉，做好日常教育工作，在学生犯错时，要详细掌握事件发生的诱因，要耐心对其进行正确的引导。辅导员是教育工作者，不能仅停留在管理学生层面，而要提高到培养学生、对学生成长负责的高度。在经历该生夜不归宿事件后，辅导员深刻反思、领悟到教育工作的本质与真谛在于用心关爱

---

① 任培培，马晓曙.远离网络诈骗 重塑美丽心灵——高校辅导员工作案例分析[J].大陆桥视野.2020（9）：112-113.

学生，用责任心、耐心教育学生。

2.家校联动，多方协调。在实际处理学生违规违纪案例时，当事人与必要知情人、参与人之间的交流调和也是重点之一。譬如本案例，虽然A同学才是真正的当事人，但是辅导员在与学生进行沟通的同时，及时与家长取得联系是必不可少的。在学校处理事件的过程中，学生家长是享有绝对的知情权和参与权的。学生事情无小事，与家长加强沟通，解决痛点问题，形成家校合力，更有利于问题的高效解决。

3.发挥朋辈作用，促进学生自我管理。个体处于群体之中，朋辈榜样的作用是十分显著的。在本案例中，A同学纪律观念较淡薄，没有及时意识到自身行为的问题，这就需要一个榜样作为引路人，及时监督提醒。班委作为班集体的管理者，若能保持良好的纪律作风，则能充分发挥同辈、朋辈的作用，达到辅导员引导在先，学生内部自我管理、自我发展在后的效果。引导比说教能更有效避免矛盾的产生，同学们更乐于接受，反抗情绪弱，故而取得较好的效果。

六、案例点评

辅导员通过教育引导，转变了学生认识，学生纪律观念得到强化，加强了自我管理。通过家校沟通，使家长了解学校具有规范化的规章制度，也能够做出理性的判断与定位，进而能消解家长的担忧情绪。

换位思考，打开心结

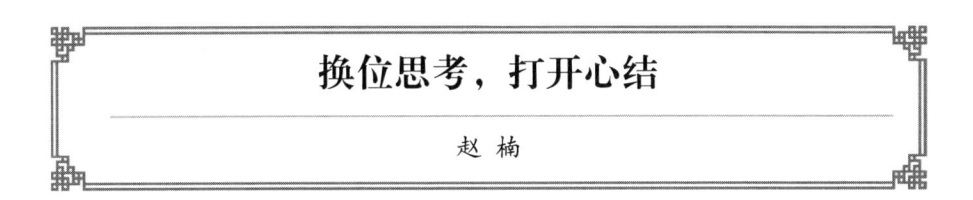

赵 楠

一、案例简介

大一的秋季学期末，小孙（化名）在QQ平台上与辅导员交流，要求调换到指定宿舍，因为他认为指定宿舍有与他生活习惯相近、能融洽相处的同学，而现宿舍存在的问题较多，比如舍友每天打游戏制造噪声，还邀请其他人到宿舍来玩，另外宿舍每晚长达一小时的"卧谈会"，严重影响了他的正常生活。

二、案例定性分析

此案例反映的是学生因无法适应宿舍生活而导致的人际关系问题。

三、问题关键点

1.如何帮助小孙适应宿舍生活，引导其换位思考。
2.如何多方合一引导小孙解决人际关系问题。

四、解决思路和实施办法

1.走访宿舍，了解情况。辅导员以检查宿舍的名义走访现宿舍和指定宿舍。小孙现宿舍的舍友向辅导员吐槽小孙的种种"不是"：小孙以学习名义要求舍友晚上11点必须睡觉；宿舍限电后不准用电脑、打游戏、聊天；不准带同学来宿舍玩；小孙自己早上起床洗漱声音很大，影响大家休息；东西乱放，不按时清理；不执行宿舍的值日；宿舍内务分不理想，小孙有"很大功劳"。辅导员在了解情况的同时，也做了小孙舍友们的思想教育工作，安抚大家的情绪。指定宿舍的同学了解了小孙的生活习惯，一致不接受其入住本宿舍。

2.约谈交流，逐渐引导。与小孙和舍友们分别沟通，约定好不同时间到办公室交谈。小孙谈了与舍友的相处情况后，辅导员从关心该生的生活环境适应情况着手，引导他换位思考自己的行为对舍友造成的影响，帮助小孙寻找解决问题的办法。引导舍友们也进行换位思考，彼此理解。最后，大家再聚到一起，开诚布公地谈看法。最终，小孙向舍友道歉，舍友也愿意接纳小孙，期待他的改变。

3.联系家长，多方关注。及时与家长沟通，让家长了解小孙宿舍的具体情况，同时也了解小孙的成长史，便于分析问题，更好地帮助小孙解决问题。辅导员还安排班委时刻关注小孙的情况，发现问题及时报告和引导，并随时与家长保持联系。在大家的一致努力下，小孙和舍友的人际关系有了质的变化，他的生活习惯也在不断改变。

五、经验与启示

1.加强引导。宿舍关系是大学阶段最基本的人际关系，宿舍也是大学生日常最基本的活动场所。引导学生明白宿舍关系融洽，才有利于学习，也有利于自身的身心健康。宿舍关系的相处之道，关键在于要有一个宽广的胸怀，互助友爱，己所不欲，勿施于人。

2.增长经验。在处理宿舍问题上，辅导员应及时安抚大家的情绪，给予他们帮助，促使他们内心转化，从思想上认识到自己的错误，并从换宿舍的问题上吸取教训、增长经验，得到提高。让学生学会适应大学生活、懂得处理好人际关系才是解决问题的关键。

六、案例点评

当前社会，随着生活水平不断提高，物质生活更加丰富，一大批身处优越生活环境的学生走进了大学校门。对于一些没有住校经历的学生而言，集体生活容易产生不适应的情况，如何处理好宿舍关系，成为学生们不得不面对的问题。不同学生的性格习惯、文化观念不尽相同，教会大学生如何处理好宿舍人际关系，是辅导员不得不面对的共性问题。此案例就正好解决了此类问题，分析原因，有效地引导学生换位思考，帮助学生打开心结，改变不良习惯。

调节宿舍矛盾，共建和谐寝室

唐丽媛

一、案例简介

小陈（化名）在开学之初与宿舍的同学关系融洽，但是到了第二个学期之后，他在宿舍经常与同学因为各种原因而产生矛盾，后来经过他的强烈要求，多次与辅导员沟通之后，辅导员答应将他调到宿舍 b，但是到了宿舍 b 不久之后，小陈竟然也与宿舍 b 的同学产生矛盾。而这一次他不是想调换寝室，而是想把宿舍 b 的一些同学调出去。

二、案例定性分析

此案例属于处理学生日常事务管理工作中较为棘手的一个案例，涉及学生宿舍矛盾问题，应当引起高度重视。

三、问题关键

1.如何帮助学生意识到沟通在人际交往中的重要性。

2.如何帮助学生适应集体生活，解决后续冲突。

四、解决思路和实施办法

1.谈心谈话，打开情感之门。辅导员应始终遵循爱护学生、严格要求学生、公平对待学生的原则。通过实地走访宿舍、谈心谈话、心理疏导等方式，帮助小陈走出了人际关系的困境。通过查阅学生档案、联系家长、学生交流等方式，从侧面了解小陈的成长经历和心理状态，为与小陈谈心打下基础。辅导员与小陈进行一次深入的心与心的交谈，引导小陈吐露心声，说出自己的真实想法，分析其不能与室友和谐相处的主要原因，坚持一把钥匙开一把锁，有针对性地指出小陈与宿舍的舍友关系不好的原因，做好小陈的心理辅导和咨询，让小陈知道自己的不足，以积极的态度融入宿舍生活，与其他室友坦诚沟通，缓解矛盾。

2.与之共情，找出问题根源。用"共情"的方法打开学生的心扉。在与学生交谈的过程中，换位思考，走进学生的内心世界。将真实的感受与一定的情感结合起来，告诉学生与宿舍甚至班级里的同学如果能成为彼此的好朋友是幸运的，应该好好珍惜，即使不是朋友，也是同学，接下来大家将相处三年，要好好相处，试图让学生突破心理障碍。

3.找准盲点，学会自我反思。在剖析完整个事件后，我发现并没有原则性或大是大非的问题，小陈因为室友打呼噜或者说话比较激动就责怪别人，也没有与别的同学进行有效沟通，激化了因表达不当造成的误解，进而迁怒于个人。然而他并没有意识到自身问题，一味地指责对方，因此我引导让他学会自我反思，明白自身的缺点和不足。

在分别与小陈以及他的室友谈心后，学生情绪上得到很大缓和，也愿意试着去理解对方，心平气和地解决问题。于是我将宿舍六人召集在一起，让当事人当面把话说清楚，解开误会。在与我单独谈心后，小陈与室友的沟通顺畅了许多，加上我在现场的调解，进一步推进他与室友矛盾的消解。最终，他们解开了心结，重新和好，表示以后有任何问题都先进行沟通，小陈也不再想搬离宿舍。

五、经验与启示

1.真诚交流，谈心谈话。首先，谈心谈话在解决学生矛盾中起着关键作用。面对学生沟通中的矛盾问题，最忌讳的就是和学生讲道理，告诉他们应该怎么做。在冲突开始时，学生较容易情感冲动。此时，急于批评教育学生只会让其对辅导员产生抵触心理，不能拉近与学生之间的关系，难以建立情感联系，获得信任。因此，在这个阶段，我们应该引导学生而不是批评他们，让学生发泄自己的情绪，以同理心理解他们的情绪感受，在他们的情绪被安抚后再与学生交谈。

2.把握主要的矛盾和矛盾的主要方面。在学生的人际冲突中，可能存在很多不必要的矛盾。同时，考虑到怎么样与学生交谈才不会引起学生反感，区分不清主要矛盾，这可能导致问题只是暂时缓解，但没有得到真正的解决。想要问题得到真正解决的关键是找到问题的症结，然后对症下药，其他次要矛盾就能迎刃而解。

3.发挥学生的骨干作用，为每个学生宿舍安排心理联络员。在学生群体发生较严重的突发事件或矛盾时，要发挥学生干部、党员、宿舍长、心理联络员等学生骨干的作用，及时向辅导员汇报情况，发挥"宿舍—班级—二级学院—学校"四级预警机制对学生宿舍冲突等行为的作用，及时发现和处理，避免事态进一步恶化。

六、案例点评

作为高校辅导员应该深入学生宿舍，了解学生思想动态，加强与同学们的感情沟通，发现问题时及时制止并处理，诸如迟退、晚起、沉迷游戏，打牌等不好的行为，帮助学生养成良好的宿舍生活习惯。[①]同时，注重经常性开展处理宿舍矛盾方面的主题班会和讲座，帮助学生提高人际交往能力和适应环境能力。

---

① 王欢.高校辅导员应对校园安全危机事件管理能力构建[J].决策探索（中），2020（07）：87.

一屋不"扫",何以"扫"天下

张舒铭

一、案例简介

学校对于学生宿舍内务整理是有明确要求的,根据内务整理的情况,每月宿管科都会评出"安全文明"宿舍或者"脏乱差"宿舍。新学期开学,某专业某班6个宿舍,有5个都被宿管科评为"安全文明"宿舍,只有1个宿舍被评为"脏乱差"宿舍。针对这个"脏乱差"宿舍的问题,辅导员对此进行了详细的了解。

二、案例定性分析

此案例反映的是如何整改男生宿舍出现的"脏乱差"问题,其涉及学生日常事务管理。

三、问题关键点

1.如何帮助"脏乱差"宿舍做好内务整改,使学生理解学校内务管理的意义。

2.如何培养学生独立的卫生意识和集体荣誉感。

四、解决思路和实施办法

1.深入交流,了解原因。辅导员马上召开宿舍会议,和学生面对面交流,了解具体的原因:从学生层面来讲,学生思想认识不足,理想信念缺失,没有集体荣誉感。普遍认为自己住的宿舍,能睡就行,没必要搞得这么干净;多数学生觉得宿舍被通报批评是整个宿舍的事情,又不是个人被通报批评，与个人没有多大关系；个别学生比较懒惰，不按时值日，其他学生也不愿意吃亏，就出现没人做内务的情况；从家庭层面来讲，很多学生都是家中独子，从小在家很少做家务，或父母长期外出打工，不重视家庭教育，导致学生缺乏卫生习惯和卫生自理能力。

2.思想教育，引导认识。对"脏乱差"宿舍的学生依照学生宿舍管理规定进行批评教育，让学生了解，在学校不单是学习文化知识，更要德智体美劳全面发展。宿舍是我们的重要生活场地，也是德育建设的阵地。学校对宿舍卫生的要求和管理，是为了培养新时代学生的纪律意识、自我管理能力，独立的卫生自理意识和集体荣誉感。

3.激励机制，共创安全文明宿舍。每个月在班级内进行一次"最美宿舍"内务评比，设立"进步奖"。评比当天，要求全部宿舍做一次彻底的清洁整理，在规定的时间，由辅导员和宿舍内务巡查组进行评分。对于得分最高的宿舍和对比上个月进步最大的宿舍进行适当日用品等物质奖励，并让他们现场分享经验，作为典型代表让其他宿舍的同学过来观摩学习，通过宿舍之间的互相学习，共同进步，共创"安全文明"宿舍。

五、经验与启示

1.对于"脏乱差"宿舍的学生不能过于严肃的批评，应该以教育引导为主。深入了解导致"脏乱差"的原因，制定方案，针对性地采取措施，才能从根本上解决"脏乱差"的问题。

2.作为一名辅导员，要在日常的教育中培养学生的德智体美劳全面发展，使学生健康成长。

六、案例点评

大学阶段，学生处于世界观、人生观、价值观还不清晰，缺乏理想信念和生活独立能力的时期。通过学生宿舍管理可以培养学生的独立生活能力、自我管理能力和团队意识，对学生的人格塑造和人生发展有重要意义。

不可松懈的管理

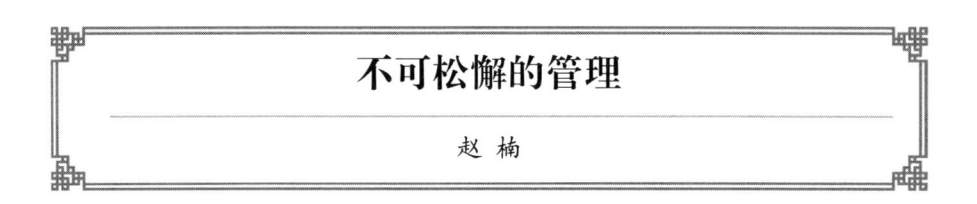

赵 楠

一、案例简介

因为全国物价上涨,学校相应上调了食堂的饭菜价格,一时间学生对此不满,议论纷纷。其中一个爱传播小道消息的学生在微信朋友圈发表"食堂饭菜不好吃又贵,学校管理者和食堂承包商相互勾结榨取大学生"的言论,引发了大量点赞。

二、案例定性分析

此案例反映的是学生因对学校管理方式的片面理解和错误认识导致的日常事务管理工作问题。

三、问题关键点

1.如何引导该生换位思考,纠正其错误认识。
2.如何做好网上舆情的监管工作。

四、解决思路和实施办法

1.深入交流,了解具体情况。辅导员在办公室与该生进行交流,了解学生的想法和诉求,向学生解释说明学校上调食堂饭菜价格是基于饭菜成本增加的情况下微调,从而消减学生的抵触情绪,纠正其错误认识。

2.删除不当议论,避免不良影响。要求学生删除朋友圈不当议论,避免不良影响扩大化。同时告知学生:网络不是法外之地,发表不当言论将负法律责任。国家为了营造一个风清气正的网络空间,相继出台《中华人民共和国网络安全法》《互联网群组信息服务管理规定》《互联网跟帖评论服务管理规定》《互联网直播服务管理规定》《互联网论坛社区服务管理规定》《互联网信息服务管理办法》等，这些规定了网民在网络上发表言论的界限和出现网络侵权的救济。[①]只有所有网民依法上网，互联网在法治轨道上才会健康运行。

3.与后勤处沟通，反馈情况。及时与后勤处沟通，将学生的问题上报，帮助学生解除疑惑。并将沟通后饭菜为什么微调的原因，向全体学生反馈。

4.召开班会，加强教育管理。及时召开主题班会，围绕规章制度、诉求方式方法、网络行为引导深入讨论。通过个人微信朋友圈、个人微博等媒介进行国家、学校相关规章制度、管理规定的宣传，使学生知规矩、懂规矩、守规矩。

五、经验与启示

1.建立舆情信息体系。多方关注学生动态，及时掌握问题，同时果断发声，正确引导，及时消除网络影响。

2.构建学生诉求联动机制。发挥学生党员、学生干部、宿舍长的作用，及时知晓学生需求，使学生合理诉求得到满足，合理利益得到维护。

六、案例点评

信息时代，高校的大学生群体在网络生活上表现很活跃，十分关注国内时事和国际突发事件，并乐于在网络上表达自己的观点，由此可能带来不小的舆论压力，其影响力不能忽视。学校是育人的场所，学校的根本任务是培养人才，而高校环境的稳定关系到人才的培养。学生管理工作者应该做好网络言论的正确引导，为学生成长成才提供良好的环境。

---

① 江大伟.完善坚持正确导向的舆论引导工作机制[J].思想教育研究.2020（1）：25-29.

遵守校规校纪，拒绝夜不归宿

唐丽媛

一、案例简介

23 点 05 分，某班级值周班干来电说在例行晚点名的时候发现班级小潘（化名）夜不归宿，而此时已是 23 点 10 分，值周班干部与班长研判后将此事迅速告知辅导员。辅导员得知该消息后，第一时间联系小潘，小潘却声称自己在宿舍，刚才在别的同学的宿舍玩游戏，辅导员让其把电话给舍友，让舍友与辅导员通话，小潘声称舍友都已入睡，以无法接电话为由拒绝。辅导员一方面进一步询问小潘目前所处的位置，另一方面联系值周班干部与班长去该生宿舍进行核实，核实小潘确实不在宿舍后，小潘才终于说出了自己现在在家中。鉴于小潘的安全考虑，辅导员叫小潘让其父母接电话，在与其父母接电话确定该生安全后，辅导员叮嘱其第二天要按时到校上课。

二、案例定性分析

该案例涉及学生未向辅导员请假而擅自夜不归宿，违反校纪校规的日常管理问题。

1.小潘无视学校的规章制度，不经允许夜不归宿，被发现后还撒谎骗老师，纪律意识和诚信意识都很弱。

2.小潘的室友知道小潘没有在规定的时间返回宿舍，但他们却没有及时报告，这反映了当前学生缺乏责任感和规矩意识。

三、问题关键

1.如何引导学生遵守学校规章制度，避免因对校纪校规的认识不足而违反相应的规章制度？

2.如何引导学生具备纪律意识和规矩意识，提升大学生思想政治教育的针对性与实效性？

四、解决思路和实施办法

1.谈心谈话，正确引导。及时与小潘进行谈心，对学生的行为进行批评，加强对学生进行纪律教育和学校规章制度的解读，引导学生认识到自己行为的错误，根据情况引导学生增强责任心和诚信意识，按照相关规定进行处分。关注学生情绪变化，做好情绪疏导，指导他今后积极遵守规章制度和纪律，做好工作，并告诉他在处分期间表现积极，处分期满可以申请撤销处分。

2.召开班会，纠正偏差。虽然开学的前两周学校图书馆已经让学生对《学生手册》的知识点进行考试，但是辅导员有必要再针对班级开展关于《学生手册》的学习以及诚实和责任等相关班会，让学生通过考试和班会等活动对《学生手册》的知识铭记于心，引导学生意识到他们所谓的"保护"室友作假的行为会造成严重的后果。通过深入走访宿舍，明确讲解学校规章制度的相关要求，善于站在学生的角度进行解读，引导学生了解校纪校规，严格遵守相关纪律。

3.多重措施，每日渗透。要将学生干部的领导作用与底线思维相结合，加强学生干部建设，开展"优秀学生干部""学校管理先锋"等表彰活动，鼓励学生干部奋勇奋斗、以身作则。同时，举办了安全教育讲座、诚信教育讲座等线上线下活动，引导学生增强责任感和诚信意识。

五、经验与启示

1.日常工作既要有温度又要有规律。辅导员要定期走访宿舍，及时掌握学生动向，进行思想指导，对犯过错误的学生建立长期关心和帮助机制，帮助因违纪而暂时受挫的学生尽快建立成长计划，做到用心教育，在教育中成长。

2.加强文化教育，唱响校园文化活动主题。要注重挖掘校园文化活动的教育要素，创造积极价值，激发学生社会责任意识，积极引导学生参与学校社团活动，通过参与社团工作，增强学生对学校相应文化的了解。积极引导学生培育和践行社会主义核心价值观，营造人人负责的积极校园文化。

六、案例点评

作为辅导员要坚持教育者先受教育的原则，首先，要提高职业素质，做学生的"好老师"。其次，辅导员要不断提高责任感和诚信意识，树立和践行社会主义核心价值观，树立崇高的职业理想，以扎实的理论基础和崇高的职业道德给学生以深刻的影响，不断引导学生成长为有理想、敢担当、能吃苦、肯奋斗的新时代好青年。[①]

[①] 连佳美. 当前通过型仪式在青少年成长中的作用探析[J]. 文教资料. 2021（12）：158-160+57.

高职院校学生管理工作典型案例研究

心理健康教育与咨询篇

萤烛之光，点燃希望

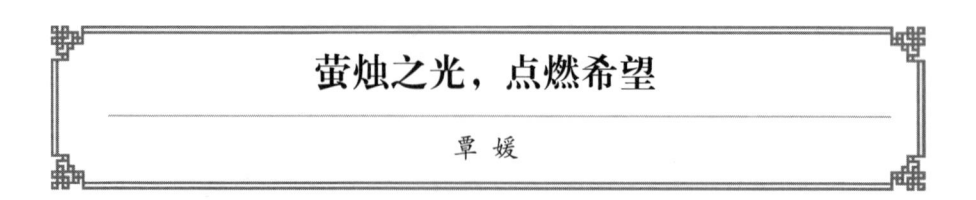

覃 媛

一、案例简介

李鑫（化名）同学自入校以来，沉默寡言，平时很少与老师、同学交流，不管上课还是外出，都习惯独来独往，每次上课他总是习惯坐到教室的最后一排角落的位置。老师反映，李鑫在课堂上经常保持沉默，有一定的厌学情绪。同宿舍的同学还反映其平时在宿舍和同宿舍的同学交流较少，对身边的人非常警惕，喜欢看暴力影片，很少提起自己的家庭情况。在学校组织开展的新生心理测试中，显示李鑫有心理抑郁的倾向。期末，李鑫有3门课程考试不及格。

二、案例定性分析

此案例反映的是学生因心理问题导致行为异常、学习成绩不佳以及人际交往障碍的问题。

三、问题关键点

1.如何帮助李鑫化解心结，端正思想认识，积极树立正确的世界观、人生观和价值观。

2.如何引导李鑫转变行为，正确对待学业，处理好人际关系。

3.如何引导李鑫正视自身的心理健康问题，愿意配合干预，积极培养理性平和、健康向上的良好心态。

四、解决思路和实施办法

1.把脉问诊，深挖根源，建立信任。辅导员发现李鑫思想上和行为上的异常情况后，应高度重视并积极关心询问，鉴于李鑫性格较敏感多疑，因此，要找合适的时间与合适的地点同他谈心谈话。在谈话过程中，要耐心倾听李鑫的真实想法及内心诉求，让他感受到来自老师的关心、重视和温暖，使师生间保持充分的互动，建立良好的信任关系，从而帮助他慢慢放下思想包袱和心理戒备。同时，与李鑫坦诚布公的交流，使谈心谈话能够更加深入并直抵内心引导李鑫，告知个人真实的想法和具体情况，进而能够真正找到思想和问题的根源，以便接下来对李鑫展开相应的指导和教育。

2.对症开方，家校携手，共化风险。首先，通过共情式深入谈心谈话，详细了解掌握李鑫内心真实的想法、心理困惑以及行为动机问题的根源，对应采取不同的策略。其次，加强跟李鑫父母之间的对话沟通，及时将李鑫的思想行为、心理困惑以及可能存在的安全风险如实告知家长，努力取得家长的信任、支持和配合，引导家长加强关注并配合学校及老师共同做好李鑫在校期间的思想引导、情感疏导、心理辅导及安全教育管理等相关工作。最后，及时启动心理危机干预机制，启动宿舍紧急联络机制，引导李鑫定期主动到校内心理咨询中心进行心理咨询。

3.靶向施策，多方联动，帮扶解困。结合李鑫的现实表现，对李鑫在思想、学习、生活上给予更多的关心、关怀。通过不同的侧面观察，进一步充分挖掘李鑫的兴趣、爱好和特长，积极加强对李鑫的正面引导和正向激励，用真诚和关怀建立与其友好平等对话的良好关系，靶向施策。同时，引导李鑫积极结合个人的兴趣、爱好、特长，踊跃参加院系及班级组织开展的各项第二课堂活动，从而进一步提升个人的归属感、获得感和幸福感。针对李鑫学习态度不够端正以及学业出现严重挂科的问题，要积极发挥任课教师、专业团队教师、班级学习小组的育人合力，形成多方联动，共同做好李鑫在校期间的培养、教育工作，帮助李鑫积极掌握科学正确的学习方法，努力调适心态，进一步树立学习的自信心以及对未来美好生活的信念。

4.精准发力,闭环管理,重燃希望。结合李鑫在校的真实情况及现实表现,及时建立与其相对应的"学情档案""心理档案",坚持用诚挚的心、真诚的爱去关心他、爱护他、感化他、转化他,帮助他不断提升自身的认知能力及实践能力。指导李鑫慢慢学会制订个人的学习成长计划、大学生涯规划,通过问题导向、过程指导、成效总结反馈,积极形成工作闭环,合力推动问题解决。同时,加强对李鑫在校期间学习情况、纪律情况及心理健康状况的摸排了解和掌握,发现问题早重视、早干预、早教育,加强对李鑫开展人际交往技能的培养,努力帮助其提升人际交往的能力,用信任、真诚和关爱,以润物细无声的方式,帮助李鑫进一步化解思想困惑,重燃信心和希望。

五、经验与启示

1.要通过问题表象看本质,要深入了解学生行为举动背后的原因,才能精准施策,做到事半功倍。对于行为异常的学生,不要从一开始就先入为主对他进行严厉批评或者全盘否定,应就事论事,并积极寻找、深挖问题的根源,精准了解掌握学生行为举动背后的诱因,寻找解决问题的突破口。如果一开始就对他进行严厉批评或者否定,可能会激化矛盾,不仅不能使其正确认识自身的问题,而且可能会出现拒绝沟通甚至引起强烈反感和抗拒的情况。因此,在做此类学生思想工作的过程中,要掌握好方法和技巧,坚持立德树人和"以人为本"的教育理念,心平气和地沟通,用仁爱之心,用温和的方式,巧妙化解危机,从而真正帮助学生。

2.作为学生管理工作者,要善于拉近跟学生的距离,用真诚、关爱、爱心及耐心,为学生带去信任和希望。辅导员是学生的知心朋友和引路人,要始终坚信每个学生都有自身的闪光点,老师的爱、信任、包容、尊重、平等、坚持和不放弃,会唤醒学生内心更多的力量,能激发学生活力,使其保持热情、拥有信心和希望。因此,在发挥好辅导员自身角色作用的同时,还应发挥一切可以发挥的力量,经常走进教室、走进宿舍、走到学生中，让他们从内心接受、认可并真正意识到老师是在真心帮他、关爱他，当双方形成良好的信任和互动关系，才能更好地促使他们在思想、行为上有所转变，受到启发和感动，进而根本性地改观和转变。

六、案例点评

部分大学生容易存在思想浮躁、心理脆弱、行为异常等情况，实际上是其世界观、人生观和价值观不够明确，以及在思想和心理上不够成熟的体现，也是对大学生涯和学习目标缺乏正确定位的具体体现。如果不及时加以引导和教育，很有可能会导致大学生自身信仰缺失、思想偏差、学业荒废、心理障碍甚至人格扭曲。针对学生因思想问题、心理问题导致学习成绩不佳、人际交往障碍等情况，辅导员可通过把脉问诊、对症开方、靶向施策，用爱和教育，从根本上帮助学生转变思想认识、端正态度、转变行为，重新燃起信心和希望。

心之所向，越挫越勇

张舒铭

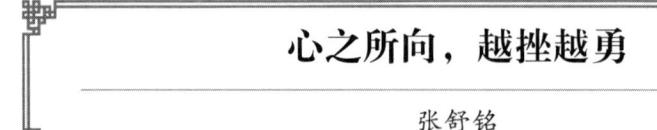

一、案例简介

晓华（化名）是大一的新生，作为班级学习委员，平时为人积极乐观，学习刻苦，团结同学。但是开学几次课堂测试成绩都不是很理想，临近期末考试，有宿舍同学反映，晓华经常整夜都不睡觉地看书复习，然后出现摇头晃脑、手用力捶头、在宿舍走来走去等异常行为。宿舍同学看到都以为晓华出现精神问题，不敢靠近，只能私下向辅导员反馈。

二、案例定性分析

此案例反映的是学生因为学业紧张而引发的心理焦虑问题。

三、问题关键点

1.如何帮助晓华走出学业焦虑，调整心理状态。

2.如何加强晓华的受挫教育，做好学习和职业生涯规划，回归正确的成长轨道。

四、解决思路和实施办法

1.早了解、早发现、早关怀。辅导员发现晓华的异常行为后，主动和他约谈，在与晓华的谈话过程中适时地进行关心和安抚。通过了解，晓华一直是对自己要求比较高的孩子，从初中到高中不管是在生活还是学习上，他都是班里面的优秀学生。但是大学新学期开学的几次考试都不理想，临近期末考试他就更加紧张和焦虑，所以晚上都在看书复习。可是越紧张就越看不进去，觉得自己比别人笨，所以出现用手捶脑袋等异常行为。想到自己作为学习委员，如果成绩还挂科就真的太丢脸了，所以晚上经常失眠，在宿舍走来走去。

2.教育引导，树立正确受挫观。帮助晓华树立正确的受挫观，告诉他在人生路上不可能一帆风顺，我们会经历很多人生的挫折。也许以前的你很优秀，但那只代表过去，新的时期会是一个新的起点，我们需要不断学习，在这过程中可能会遇到一些困难，特别是在面对学业受挫的时候，不能一味地责怪和轻视自己，我们要有勇气、有信心，去面对困难，解决问题。

3.理性分析，制订学习计划和目标。和晓华进行学业和职业规划的交流，引导其尽快适应大学学习方式，主动学习，调整学习方法，提高学习效率。帮助晓华做好大学职业生涯规划，学习掌握生存技能，适应社会发展，尽快走出学业焦虑的困境。

4.积极调适，心理健康发展。鼓励晓华走出宿舍，走进第二课堂，多参加校园集体活动，在集体生活中感受丰富多彩的大学生活。大学生活不仅有文化学习，还有社会实践活动，能让学生增长见识，开阔思维。挣脱压抑焦虑的心理枷锁，感受青春洋溢、热情澎湃的大学时光。

五、经验与启示

1.要重视学生的心理问题。新生入学要建立完善的心理预警机制，早发现、早教育、早帮助。学校要成立班级心理健康小组，宿舍心理联络员，深入学生群体，及时向辅导员反馈学生心理异常情况。[1]

2.心理问题谈心谈话很重要。要在学生情绪爆发前及时和学生面谈，及时了解情况，要尊重学生、平等对话，让他们从内心里感受到你是在帮助他。特别是新生适应期面临角色的转变，面对新的环境新的教学模式，会有迷茫和困惑，需要老师及时关心和引导。

---

[1] 郭青.入学教育课程化是大学生心理危机干预的有力保障[J].河南农业.2018（36）：33-34.

六、案例点评

大学生在步入大学阶段后,心理会呈现多样化和复杂化的特征,要求辅导员加强专业的心理健康教育理论学习,提高心理咨询技巧,帮助大学生树立正确的世界观、人生观、价值观,增强学生的自我认同,树立信心,拥有健全的人格。[①]

[①] 孙美洁,涂亚楠,王卫东. 本科生导师制下辅导员学生教育管理工作的难点与对策[J]. 科教文汇(上旬刊). 2019(06): 13-14.

正确认识自我，提升人际交往能力

段方雪

一、案例简介

A同学来自一个偏远的山村，自小便是留守儿童，内向、自卑，在上大学后，也很少与班里同学交谈，更别说交到好朋友了，因此他在学校经常感到孤独和焦虑，已经出现神经衰弱，严重影响了学业和生活。

二、案例定性分析

这是一则由于个人性格内向、缺乏人际交往能力而导致自卑压抑、神经衰弱的案例。

三、问题关键点

1.如何引导A同学正确认识自我，提升人际交往能力。
2.如何帮助A同学开展自我心理健康教育，形成良好的性格。

四、解决思路和实施办法

1.采用正面、侧面谈话，全面了解情况。在与A同学谈话之前，辅导员应先从侧面谈话了解情况，即先从周围同学口中获取他的相关信息，以便有的放矢，提高谈话效率。在与A同学谈话时，辅导员放下师长的身份，像亲人和朋友一样，语气温和，感情真挚，仔细询问他在学校的生活点滴，并引导他说出自己目前的困惑和期望。该生被辅导员的关怀和耐心打动，逐渐打开了心扉。

2. 运用心理学相关方法，帮助其正确认识自我。通过深入谈话，辅导员基本了解了 A 同学的想法，A 同学也很信任辅导员，愿意配合辅导员一起解决自己的问题。辅导员边分享自己读大学的经历，边运用理性行为疗法、共情、换位思考等心理学方法，和 A 同学讨论当代大学生应该拥有哪些能力，大学生活应该如何度过才有意义，使 A 同学明白他现在亟须做的是正确认识自我，提升人际交往能力。正确认识自我，理性分析自己的优缺点，才能扬长补短，走出自卑。提升人际交往能力，扩大朋友圈，结交良师益友，会让大学生活变得丰富多彩，也能让自己进步成长得更快。

3.鼓励其开展自我心理健康教育，完善性格。大学生正处于可塑阶段，只要有决心、有方法，是可以不断完善自我的。A 同学自幼性格内向、自卑，其实这更多的是生长环境给他留下的印记，他是非常渴望改变这种现状的。有想法，还需要有方法，辅导员根据自己多年的工作经验，知道大学生非常有可塑性。他给 A 同学加油打气、提振信心，建议他每天进步一点点，交往范围由小到大，交往对象由少到多，交往方式由浅到深，记录自己在人际交往上迈出的每一小步，及时肯定自我，循序渐进，日积月累，就是大进步。在此过程中，A 同学心理素质提高，交际能力同步提高，性格也日益完善。

五、经验与启示

1.正确认识自我非常重要。辅导员应该了解大学生的思想动态和行为特点，对于 A 同学这类行为异常的学生要重点关注和帮扶。辅导员需帮助他们正确认识自我，这可以有效消除他们的自卑心理。

2.辅导员应掌握心理学相关知识。大学新生来自各种不同的生长环境，可能会存在各种各样的心理问题，辅导员作为学生成长的良师益友，应该提高自身综合素质，加强心理学相关知识的学习，在遇到学生心理问题时，能够做到早发现、早干预、早解决，这既有利于学生的健康成长，也有利于学校的安全稳定。

3.鼓励学生进行自我心理健康教育。心理健康教育对于大学生来说，是一门必修课。除了专门开设的心理健康教育课，辅导员也是对大学生进行心理健康教育的重要一员。辅导员经常与学生谈心谈话，及时发现具有一般心理问题的学生，鼓励他们多学习心理学知识，多参加学校组织的心理健康培训活动，在遇到心理困惑时，能进行自我调节，或者至少能找到合理、有效的方式解决困惑。[①]

六、案例点评

这个案例是以心理健康教育为主题，辅导员通过引导 A 同学正确认识自我，提升人际交往能力，帮助 A 同学开展自我心理健康教育，形成良好的性格，从而解决 A 同学的大学生活困境。这则案例的解决方法具有普遍性和可推广性，值得借鉴。

---

① 岳姝伶. 新时代高校辅导员心理育人工作提升路径探析[J]. 现代交际，2021（14）：37-39.

心魔化解于无形

赵 楠

一、案例简介

大二男生小庞（化名），因为自己体型肥胖而产生自卑心理，再加上性格内向，越来越不愿与人交流。随着实习期临近，实习工作一直没有落实，自己给自己的压力也越来越大，精神达到了崩溃的边缘。

二、案例定性分析

此案例反映的是学生因自卑内向找不到工作导致的学生心理问题。

三、问题关键点

1.如何帮助小庞发现自己的优点，缓解压力。
2.如何引导小庞解决就业问题。

四、解决思路和实施办法

1.谈心谈话，稳定情绪。与小庞深度谈心谈话，稳定其情绪，帮助其分析自身的优势和劣势，进行全面的开导，让小庞正确认识外在形象与内在自我，学会客观、全面地认识和评价自己。

2.多管齐下，共同协作。首先与心理咨询中心的老师进行沟通，帮助小庞缓解当下的心理压力，帮助小庞正确地分析自己，找到自身的优势与劣势，帮助小庞制订就业计划。

3.形成合力，持续帮扶。辅导员联系宿舍的同学、学生干部，交流小庞的情况，并对小庞进行心理开导，适当地提供帮扶，有必要时对其进行一定看护，避免由于压力过大产生过激行为。与家长取得沟通，了解家长对小庞就业的期望值，辅导员结合家长期望值对其进行适当的辅助，帮助其找到正确的就业方法。辅导员利用自身资源，帮助小庞联系就业岗位。类似学生也要跟进处理，消除隐患。心理委员要时刻关注班级同学的心理情况，发现异常马上汇报。

五、经验与启示

1.发挥就业课程的作用。职业生涯规划课应对学生进行全面的自我认识与自我分析的教育。因此，辅导员要结合职业生涯规划课，能够全程参与学生自我定位的全过程中，指导学生正确全面地认识自己。并开展相关主题教育活动，让学生可以更好地认识自己、悦纳自己。

2.完善就业服务的长效机制。让就业政策、就业制度、就业形势与学生自身相结合，认真落实好就业政策，让学生既不盲目乐观，也不消极对待。开展活动，全面提高毕业生的就业能力。

六、案例点评

针对大学生的心理问题，辅导员巧妙地将案例引申到自身的实际工作中，及时转借、借力打力、跟踪回访、持续关注，从管理的角度恰当地做好一定的行为矫正。在实际工作中，大学生中有心理障碍的学生并不是很多，大部分学生出现较多的是发展性心理问题，如果一般性心理困扰得不到重视，不及时调节和排解，任其继续发展下去，就可能越来越严重，直到导致心理障碍。所以辅导员应秉承助人自助的心理健康教育理念，关注学生的心理情况，维护学生积极向上的心理状态，将心理辅导工作贯穿始终。

用爱呵护，筑起快乐人生

张舒铭

一、案例简介

在入学新生心理排查的时候，辅导员发现小光（化名）有人际交往焦虑和轻微抑郁的心理情况。经了解，该生入学以来沉默寡言，因为不善言辞导致和宿舍同学相处也不融洽，慢慢地宿舍的同学开始孤立他。大家对他的评价都是很难接近。

二、案例定性分析

此案例反映的是学生由于环境应激问题而产生的不适应与人际交往障碍问题。

三、问题关键点

1.如何对该生心理问题进行及时干预和疏导，帮助其解决心理问题。
2.如何多举并行帮助学生走出人际交往的困境。

四、解决思路和实施办法

1.主动约谈，深入了解心理问题根源。经过辅导员的耐心引导后，小光终于把藏在心里的秘密说了出来。原来小光在初中的时候因为家人都在广东打工，所以从广西老家跟随父母转学到当地的寄宿学校。由于语言和环境的不熟悉，小光在寄宿学校里面非常不适应，最重要的是，因为转学生的身份，他还遭受了学校同学的校园暴力。当时年纪还小的他也不敢把委屈告知家人，但他的心里对学校的同学产生了排斥。到高中的时候，他遇到了一些较好的同学帮助他，顺利度过了高中时期。但是到了大学，又来到了一个陌生的环境，而且远离家人，当年校园暴力给他带来的人与人间的不信任，让他总是不愿意主动和同学们交往，久而久之宿舍的同学也渐渐疏远他，而这种不和谐的人际关系让他心里更加压抑。

2.疏导情绪，加强教育引导。开导学生要勇敢放下过去不愉快的回忆，放眼未来。鼓励该生把精力放在学习和爱好上，强调人际关系的重要性。要提高自己的人际交往能力，先要调整心态，转变对待同学的态度，学会交流沟通，不要委曲求全，也不要胡思乱想，有不开心的要及时说出来，避免因为压抑太久而产生不良情绪。

3.多措并举，修复心理创伤。结合小光的成长经历，主动联系家长，通过家长的关心、亲人的关爱让小光重新建立起对人的信任和热情。同时预约心理健康中心的老师，定期和小光交流并对其进行科学引导，帮助其慢慢走出心理创伤的阴影。

4.加强协调宿舍人际关系。辅导员找到宿舍其他同学，教育引导学生如何正确处理宿舍关系，学会尊重个体的不同，学会包容和理解，珍惜同学情分，一起帮助小光走出心理阴影，重新找到快乐的校园生活。

5.后续跟进。经过一个学期家长的关心鼓励，老师和同学的帮助，还有专业的心理老师对其定期进行心理疏导，小光终于走出了心理阴影，脸上露出了如释重负的笑容。

五、经验与启示

1.遇到问题要及时干预。对于心理有问题的学生，一旦发现问题，要及时疏导，做到早发现、早干预、早治疗、早解决。[①]

2.家校合作才能解决根本问题。学生的很多心理问题都和家庭教育、成长环境有很大的关系。而父母的关爱和鼓励是学生走出心理阴影的原始

---

① 孔焱."双高计划"视域下高职院校辅导员职业化发展研究[J]. 高教学刊，2020（34）：193-196.

动力。

3.加强学生心理排查和日常心理教育。通过科学的心理排查可以有效地甄别一些有心理问题的学生，对于心理有问题的学生要进行单人单册管理，做到持续跟进，一路帮扶。在学生的日常教育中，要把心理教育融入其中，例如通过一些心理健康教育主题班会、心理培训课程、讲座等做好心理健康教育的宣传。

六、案例点评

高校大学生的心理问题，具有多样性、复杂性和隐秘性。辅导员作为学生的心理教育工作者和人生导师，要关爱学生，对大学生的心理问题要建立及时有效的干预机制，用科学的手段帮助其健康成长。

爱情绊脚石

赵 楠

一、案例简介

小刘（化名）的女朋友向他提出了分手，小刘很伤心，尝试用多种方法去挽回都失败了。不久后小刘得知前女友有了新的男朋友，感觉自己被抛弃，非常失落，无心上课，开始逃课并在游戏中寻求心理安慰。

二、案例定性分析

此案例反映的是学生因失恋导致的心理失衡问题。

三、问题关键点

1.如何帮助小刘走出失恋阴影，回归正常生活。
2.如何引导小刘重拾上课热情。

四、解决思路和实施办法

1.辅导员倾听引导。小刘因情感挫折，消极堕落，面对此种情况，辅导员与小刘进行了深入谈话，了解了他的真实想法。辅导员应从学生的角度出发，设身处地提供帮助；在交谈中为学生保密；给予小刘关爱，不能一味地批评教育；了解恋爱整个过程，帮助其分析问题所在，助其走出困境，回归正常生活；你若盛开蝴蝶自来，引导只有小刘变得更加优秀，才能更有吸引力，才能收获美满爱情。

2.心理咨询老师助力。小刘在短时间之内还无法释怀的话，辅导员及时与心理咨询中心老师沟通，利用专业的方式帮助小刘解决当下的心理压力，助其提升自我，树立正确恋爱观。

3.任课老师、同学的帮扶。任课老师帮助小刘解决课程疑难问题，减轻学习压力；学生干部、同宿舍的同学，对小刘进行开导，在学习和生活上给予帮助，提醒小刘按时上课，并关注其行为，避免由于心理失衡产生过激行为；心理委员对同学的心理状况，要始终不断关注，发现不正常的情况，马上汇报。

五、经验与启示

1.重视恋爱教育。大学生对爱情充满期待和向往，如果不能处理好恋爱关系，会影响学生的心理健康，甚至会出现严重的心理失衡、学业下降等问题，进而导致一些悲剧的发生。因此，辅导员要关注学生的行为，对他们的恋爱进行适当引导，帮助他们树立正确的恋爱观。

2.鼓励学生自我成长。大学生心智的不成熟，使许多学生对待爱情非常执着，如果处理不当，会影响正常生活。辅导员要引导学生努力提升自我，才能得到别人的认同、尊重、欣赏，才能获得独特的人格魅力。

3.拓展自己的人际交往。部分大学生恋爱后，容易脱离交际圈，心中只有二人世界，这不利于大学生的健康成长。在人际交往方面，要善于主动和同学朋友多打交道，努力营造良好的人际交往关系。

六、案例点评

大学生的情感问题是校园里最普遍、最敏感的话题之一。辅导员面对情感出现问题的学生找自己倾诉时，要耐心、细心、认真倾听，从倾听中找出问题根源，并进一步找到解决问题的办法，引导学生树立健康、向上、正确的恋爱观，学生将受益终身。相信有了辅导员认真、细致、全面引导、把关，我们的大学生在他们人生的重要路口，可以更好地把握和处理好成长中必不可免的情感问题。

正视心理问题，拥抱健康生活

庞家榆

一、案例简介

小黄（化名）是大一的学生，平时情绪自控能力较差，不爱与人交谈，独来独往，同宿舍的人反映偶尔见其双眼通红，一副哭过的样子，且经常性失眠。经了解，高中时期有过特殊遭遇，曾患有心理疾病，长期吃药以维持稳定。他不愿接近他人，与之谈话时，他表示有时觉得生活没有希望，没兴趣去做任何事，家庭关系也比较差，处理人际关系较为困难，从小父母便在外打工，逢年过节才能见面，平时与爷爷相处较多，与父母的关系不好，经常吵架。小黄有一位女朋友，他十分在乎女朋友，害怕分手，女朋友对小黄情绪影响非常大。更重要的是，小黄表示高中时期有过自杀的念头。可见其严重性。每次交谈后我都会鼓励、开导并叮嘱，心里有任何不开心的、无法排解的事，可以随时随地联系我，向我倾诉。

二、案例定性分析

此案例反映的是学生因自身遭遇患上心理疾病导致在校生活痛苦的问题。

三、问题关键点

1.了解学生心理疾病成因，对症下药。
2.如何逐步引导小黄心态乐观向上，走出负面情绪的阴霾。

四、解决思路和实施办法

1.了解、尊重、关心。对待特殊学生首先要尽可能关心、关爱他，让他愿意与你敞开心扉交流。这类学生内心敏感，在交谈时要注意用词，不可贸然伤及其敏感处，不然不利于后续谈心。我与小黄的交流都是从基本的认识开始，随后逐步深入。刚开始只是简单地交谈，了解兴趣爱好，谈谈家乡民俗，关心他入校以来的学习，在校的朋友关系，在校的规划等，并结合我自己的生活经验，人生教训总结，告诉小黄每个人的成长都不会是一帆风顺，在平淡随意的交谈中建立互信关系。我们作为辅导员，其实是缺乏心理学专业知识的，对于学生的一些异常心理表现，不可随便下定论，通过耐心交谈，逐步全面地了解他的家庭情况、成长经历、身体状况、学习情况等，结合各种情况，寻求解决途径。

2.创造交流机会，加强多渠道沟通。当该生缺乏主动与人交流的勇气时，辅导员鼓励其身边的同学尤其是性格比较热情开朗的同学多与之互动交流，一起玩耍，一起约饭，谈谈学习，分享趣事，让其感觉到自己有朋友，感受到友情的温暖，逐步让其从孤立在自己世界的状态中走出来。

3.提供适时适度帮助，重建自信。该生性格孤僻，情绪不稳定，在家中与父母关系较差，性格自卑敏感，缺乏自信。因此，提供适时适度的帮助，使该生重新建立自信，有助于其调整心态。该生在校期间，我积极关注其思想动态，通过晚上下宿舍、走访教室，一起约吃饭的机会唠唠家常等，适度帮助其解决一些疑难困惑，逐步帮助其建立自信，让他更加积极乐观地面对生活，更好地适应大学的生活，勇于直面困难。

4.安排专人负责安全事宜。学生的本身就有较大的学业压力，而小黄在心理和身理上都有较大的问题，小黄心里势必会很煎熬。辅导员无法掌握其全天动向，所以应当请与其关系好的舍友以及认真负责的班干，负责观察小黄的状况，有问题及时汇报，使辅导员得以及时处理，避免发生意外事件。

5.及时与家长有效沟通，形成家校合力。该生与父母关系不好，经与该生交流发现，父母对他有很多误解，很多内心想法不会和父母说。我将该生目前情况以及内心想法告知其父母，建立沟通桥梁，消除误会。我也逐渐得到了其父母的信任，其父母能够感受到我对小黄的关心与担心，表示今后会积极关心、关爱小黄，会随时与我沟通小黄的状况，并与我进行了关于小黄未来学业和就业的探讨。

6.寻求专业帮助。于是向心理咨询室的教师寻求专业帮助、向领导汇报情况，由于作为新任辅导员，缺乏足够的经验，而小黄的情况紧急且特殊，需要心理学专业指导教师和领导的帮助指导，才能合理妥善解决问题。

五、经验与启示

高校辅导员因为其工作的特殊性，是在学校中此类学生接触最多的老师，是最容易也是最有机会发现此类学生心理问题的老师。这就要求辅导员要能及时发现问题。多下宿舍，多与学生熟悉，平时多与其谈心谈话，要有合理的监督反馈机制，才能及时发现问题。

辅导员工作琐碎复杂，学生成长背景不同，经历不同，性格不同，这就要求辅导员处理方法要灵活多变，有针对性地解决问题。并且要有一套成熟合理的问题反馈流程办法，把工作做细致、做扎实。有必要时要积极寻求家长的帮助，形成家校育人合力。

六、案例点评

对于这类特殊学生，无论是现在大学的生活，还是以后走入社会，都需要我们辅导员需要树立责任意识，指引他们走上正确道路，帮助他们建立健全的人格，形成健康的心理，将来走入社会才能适应工作，独立过好自己的人生。

高职院校学生管理工作典型案例研究

网络思想政治教育篇

以教育之温暖，驱散疫情之阴霾

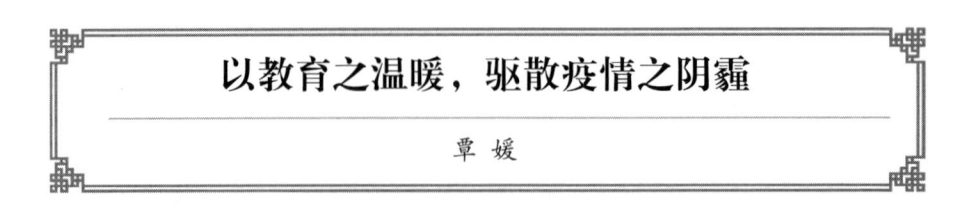

覃 媛

一、案例简介

林森（化名）平时喜欢上网，也喜欢把自己的一些日常生活及动态发到朋友圈。2022年春季学期开学后不久，林森所在学校的城市疫情形势突然变得紧张起来，结合疫情防控工作的要求，学校对师生进出入校园采取了较为严格的疫情管控措施。

最近，同班级有同学注意到，林森在自己的朋友圈上连发了几组动态。从字面内容上看，主要表达了一些个人的负面情绪以及对疫情期间学校严格进出入校门疫情管控措施的抱怨和不满，认为疫情带走了大学生的快乐，而学校的疫情管控措施又剥夺了大学生的自由，觉得难以适从。因此，通过在个人朋友圈发发牢骚，以此表达自己内心的不悦。

二、案例定性分析

此案例反映的是学生因个人思想认知偏差导致的意识形态偏差问题。

三、问题关键点

1.坚持以人为本，及时了解学生的思想动态及心理诉求，关注学生群体动态和网络舆情动态。

2.加强对大学生思想政治教育和疫情防控教育，积极发挥网络思想政治教育的作用，认真做好疫情防控政策的宣传、宣讲工作。

3.做好疫情期间大学生心理健康问题的关注，结合疫情防控期间学生在校思想、学习、生活、工作、心理等方面的情况，积极给予辅导、关怀和帮扶，引导大学生合理安排在校生活。

四、解决思路和实施办法

1.关注师生网络动态，切实做好言论风险防控。对大学生在网络社交平台上发布的一些个人言论，辅导员要加强重视；对学生存在的思想困惑及心理困惑，要及时给予疏导解答；对学生反映的急难愁盼问题，要及时掌握，该反映的要及时反映，并做好疏导、解决。同时，认真做好言论风险防控。

2.加强网络思想政治教育，回应学生合理诉求。[①]疫情时期，辅导员要积极通过线上、线下等多种方式，不断加强对疫情防控知识的正面宣传和教育，及时传达上级部门及学校关于疫情防控的重要决策和部署安排，以增强大学生对疫情防控政策及要求的理解和支持。同时，积极发挥网络思想政治教育的作用，实时关心、了解、掌握大学生的思想动态，对于学生反映的各方面合理诉求，要加强重视并尽量予以解决。

3.做有温度的管理教育，切实帮助学生排忧解难。辅导员平时要积极深入到学生当中去，积极了解和掌握学生在疫情期间的思想、学习、生活、身体等各方面情况，耐心倾听学生的心声，成为学生的知心朋友，积极传达学校、老师对学生的关心和关怀，努力做到有温度的管理教育。同时，对学生群体中反映出来的突出问题，要高度重视并及时给予回应，积极寻求解决的办法，努力为学生排忧解难。

五、经验与启示

1.加强思想政治教育，引导学生自觉增强大局意识、责任意识和担当意识。辅导员在开展大学生思想政治教育的过程中，要积极采用线上、线下等多种形式，深入开展爱国主义教育和形势教育，向大学生详细说明当

---

① 闫龙，高书杰.高等医学院校加强网络思想政治教育的对策研究[J].锦州医科大学学报（社会科学版）.2021（5）：89-91+95.

前疫情防控的政策要求，组织学生学习抗击疫情期间的各种感人故事，向他们展示中国在抗击疫情中的担当和主动作为，帮助大学生进一步认识中国特色社会主义制度的优势，帮助大学生自觉在思想上、行动上进一步增强爱党、爱国的意识，并积极树立战胜疫情的信心和勇气。[①]

2.不断创新工作方式方法，加强信息沟通互动和舆论引导，共同守护大学生健康成长。在疫情期间，大学生的思想、心理、情绪起伏变化较大，因此，辅导员要注意加强与学生的信息沟通与交流，要及时回应学生的重大关切，保障学生的知情权。[②]同时，可积极通过主题班会、主题团课、第二课堂活动等形式，对大学生开展爱国主义教育、理想信念教育、诚信教育、纪律教育和感恩教育，帮助大学生进一步端正思想认识。[③]同时，进一步向大学生普及心理健康知识，帮助大学生自觉做好疫情时期的个人心理调适。

六、案例点评

开展大学生网络思想政治教育是高校辅导员的重要工作职责之一。疫情期间，面对学生群体出现的一些不良思想倾向和不稳定因素，辅导员应当高度重视，并加强关切。积极通过宣讲、教育等方式，引导大学生树立正确的世界观、人生观和价值观，培养爱国爱民的奋斗精神和家国情怀。同时，也要做到因材施教，积极关切、回应学生合理诉求，扎实解决大学生疑难愁盼的问题，帮助大学生健康成长、成才。

[①] 张尹. "四个自信"：新时代高校思想政治教育的价值彰显与实践落脚[J]. 思想政治教育研究. 2021（6）：67-71.

[②] 银星严. 大学生心理发展与心理健康教育探索[J]. 产业与科技论坛. 2018（20）：118-119.

[③] 沈光. 论高校思想政治教育亲和力的构成要素和提升路径[J]. 扬州大学学报（高教研究版）. 2020（5）：76-80.

善用网络思政，提升网络素养

段方雪

一、案例简介

近年来各短视频平台很火爆，不少同学日常沉迷于刷短视频，班里A同学就特别羡慕各类网红主播的生活方式，并试图效仿，自行拍摄发布了几条低俗短视频，一时间内吸引了不少学生粉丝，在一定范围内造成了不良影响。

二、案例定性分析

此案例反映的是大学生网络思想政治教育类问题，也涉及思想理论教育和价值引领问题。

三、问题关键点

1. 如何帮助学生走出虚拟网络，回归现实生活。
2. 如何引导学生增强法治意识，提升网络素养。

四、解决思路和实施办法

1. 及时谈心谈话，进行有效沟通。辅导员应该及时与A同学进行一对一谈话，了解他的思想状态。再通过其他同学，侧面了解A同学平时的生活状态。由此对A同学的世界观、人生观、价值观有一个初步的判断。然后帮助他认识到自己价值观的短浅、偏颇之处，引导他看清楚网络和现实的区别，明白眼前利益与长远利益的关系，教育引导其树立正确的"三观"，做现实生活中的奋斗者、追梦人。

2.正面教育和引导。在与 A 同学谈心谈话取得一定效果时，及时对其进行法治教育、网络素养教育，告诉其传播低俗视频如造成严重后果的话，将会面临法规、校纪处理，督促该生尽快删除已经发布的低俗视频。在批评教育的同时，要进行正面教育和引导，适当肯定学生的爱好、兴趣和创造性，鼓励其在不影响学习、在能够展现当代大学生良好风貌的前提下，创作一些正面的艺术作品，宣传正能量。

3.由点到面，教育更多同学。在对 A 同学进行针对性地批评教育后，由点到面，需要对全体学生进行网络思想政治教育，也可以进一步扩展到思想理论教育和价值引领教育。可以采取邀请专家学者做报告，组织丰富多彩的班级文体活动，成立正面的网络文化宣传推广社团，组建学生网络督察员、舆情信息员队伍等方式，一方面引导学生走出网络，回归现实，走出网络不是拒绝网络，而是更好地分配自己的网上网下时间，在实际的学习、生活、工作中拼搏奋斗，争取佳绩；另一方面强化全体学生的网络文明意识，遵循网络中的道德要求，做有觉悟、有素养的网民。

4.构建网络思想政治教育阵地，确保良性发展。除了对 A 同学及相关同学持续保持关注，确保之前的教育引导工作有效果、有作用，辅导员也要注重学习网络育人的方法和技巧，做到学生在哪里，思想政治教育阵地就建在哪里，既了解现实中学生的状态，也要了解网络中学生的状态，通过各种网络手段如 QQ、微信、微博、短视频平台等与学生联系沟通，充分利用网络的便捷、高效等特点，与线下教育优劣势互补，确保思政教育全面、到位。

五、经验与启示

1.抓住关键点，教育更多人。通过此案例，可以教育引导全体学生珍惜青春、珍惜时光，走出虚拟的网络，做现实生活中的奋斗者；并以此为契机，提升全体大学生的法治意识、网络道德，使大学生成为合理利用网络、善于自我教育的群体，而不会被网络不良风气带偏带歪，形成错误的价值观。

2.构建网络教育阵地，线上线下教育有效互补。为做好大学生的思想政治教育工作，需要建立线上、线下两个教育阵地，学生在哪里，辅导员的思政教育阵地就在哪里，全方位、多角度地贴近学生，通过多种有效的信息渠道，及时发现和解决学生思想上的问题。

六、案例点评

善于开展网络思想政治教育，是对当代辅导员的一个基本要求。辅导员要主动占领网络阵地，灵活多样地开展思政教育，促使大学生成为网络中积极、先进的力量，通过文明的网络行为、健康的网络作品，为社会为校园增加更多正能量。

用爱斩断无情网赌

赵 楠

一、案例简介

小陈（化名）参与网络赌博，管不住自己，越陷越深，同时还欠下大部分同学的借款，因没有还款能力，又怕家长和老师知道，压力很大，感到茫然无助。身边关系较好的同学发现小陈异常，向辅导员反映了此事。

二、案例定性分析

此案例反映的是学生因网赌成瘾导致的网络思政政治教育问题。

三、问题关键点

1.如何帮助小陈认清网赌的危害性，从根源上认识到由此带来的严重后果。

2.如何家校合一引导小陈解决经济问题。

四、解决思路和实施办法

1.了解情况，排除可能。辅导员得知此事后，第一时间联系小陈了解情况，包括赌博平台、赌博方式、参与人员、参与时间段、借款金额、借款名义等。沟通期间时刻关注学生的情绪变化，可通过点头示意等方式传递老师对他陈述的尊重，并及时做好安抚工作。通过了解排除了聚众赌博的可能，这纯粹是小陈的个人行为，为了网赌，不断借钱填补漏洞，形成了恶性循环，欠下同学上万余元债务。

2.立即上报，联系家长。把小陈的情况汇总上报给领导，并告知学生家长，建议家长亲自到校及时处理问题。通过交流，得知小陈已经不是第一次参与网赌了，在高中毕业之前就因参与赌球欠款上千，家长已替他还清，当时小陈做过不再参与网赌的保证，现又再次网赌并欠下债务。小陈对于家长在外务工的辛苦没有过多感触，只有较好的认错态度。

3.多方监督，共同关注。针对小陈的经济问题，辅导员建议并与小陈和其家长达成共识，需要小陈利用课余时间和假期做兼职独立偿还同学的借款，让小陈明白家长在外务工的辛苦和挣钱的不易，对其社会现实认知进行引导。另外，召集借钱给小陈的同学开会，组成监督小组，对小陈的日常开销和网赌行为进行监督，同时要求他们保密，发现问题及时反馈。用真诚和爱心给予小陈温馨的关怀和体贴，引导其调整心态、重塑自我。

五、经验与启示

1.加强宣传教育。网络中的诱惑数不胜数，不少学生深陷网赌，给学生和家庭造成严重伤害。辅导员必须重点宣传网赌的危害性，严守教育阵地。对于网赌成瘾的学生，既要给予关怀又要给予惩戒，和家长一起共同监督，促使学生改"邪"归正。

2.安排劳动体验。部分学生从小到大没吃过苦，父母对其宠爱有加，无法体会家长工作的艰辛。辅导员以此案例为切入点，适当安排学生劳动体验，承担生活责任，从根源上认识到自己的错误行为可能带来的严重后果，用辛勤劳动将其拉回现实。

六、案例点评

现在大学生普遍缺乏锻炼和吃苦的机会，无法抵制各种网络诱惑，很容易深陷其中，对于父母的辛劳体会不深，学校除了要对学生进行学业上的教育，也要对他们的社会现实认知进行引导。同时要对学生进行正确的尊严教育，犯错后及时认错、努力改错，才是真正有尊严的表现。用友情和亲情来感化学生，用爱来化解困境，这样比一味说教更有效果。

走出网瘾,人生启航

张舒铭

一、案例简介

小夏(化名)平时较沉迷网络,最近有其同宿舍的同学和辅导员反映,该生在网上经网友介绍加入了一个高薪兼职的 QQ 群,群里面的昵称都显示是各行各业的老板。小夏想通过群主获取一份收入不错的兼职,群主先后通过入会费、保证金、承诺一定给她介绍高薪工作等方式,让其交了 2000 多元。可是几个星期后,却没有按照原先说的那样给小夏介绍高薪的兼职,到最后群主的电话也打不通了。

二、案例定性分析

此案例反映的是学生因沉迷网络而遭受网络诈骗的问题。

三、问题关键点

1.如何帮助小夏合理利用网络,戒除网瘾。

2.如何让小夏提高网络诈骗防范意识,帮助其树立正确发展方向,做好大学生涯规划。

四、解决思路和实施办法

1.了解情况,适时安抚。马上找到小夏,对小夏的遭遇和金钱损失进行安抚和开导。通过其讲述和查看 QQ 聊天记录等,详细了解事情的经过,再次确认这是一起网络诈骗案件,让小夏收集好所有的聊天记录、转账记录、电话记录等证据,及时报警。

2.告知家长，协助教育。把此事如实地告知家长，提醒家长注意，因为小夏个人信息的泄露，不法分子可能会和家长联系进行其他诈骗行为，并提醒家长协助小夏用法律武器捍卫自己的权益。也希望在家长的教育帮助下，让小夏以此为戒，调整生活方式，不要再沉迷网络，科学规划自己的学习生活。

3.耐心引导，科学规划。为了帮助小夏走出网络世界，辅导员和小夏一起制定了每日计划、每月计划。合理安排作息时间、学习时间、运动时间、娱乐时间。通过鼓励小夏多参加第二课堂活动，小夏加入了学校管乐团，找到了自己的兴趣爱好，每天上完课以后就去管乐团练习，渐渐地她不再依赖和沉迷网络，生活变得更充实了。

4.加强网络安全教育。从小夏这次的网络诈骗事件，可以看到当代大学生缺乏网络诈骗防范意识，要收集多种类网络诈骗的典型案例，通过宣讲、主题班会等形式让同学们了解网络诈骗的形式，提高网络诈骗防范意识，思想上重视，行动上坚决捍卫自己的权益。

五、经验与启示

1.当今是信息发展的时代，网络诈骗防范教育刻不容缓。辅导员要充分利用身边的资源，采取各种形式，对学生进行针对性的教育，为大学生营造健康的成长环境。

2.辅导员在日常的管理中，要及时发现学生的问题，做到细心、爱心、关心、耐心，对每一个学生都要做到不抛弃不放弃，真心关爱和帮助他们。

六、案例点评

大学生的成长离不开老师的引导，更离不开家庭的教育。要重视家校合作，共同努力，积极引导，帮助学生找到人生发展方向，合理规划人生。

回应网络热点，和谐校园网络

王德钦

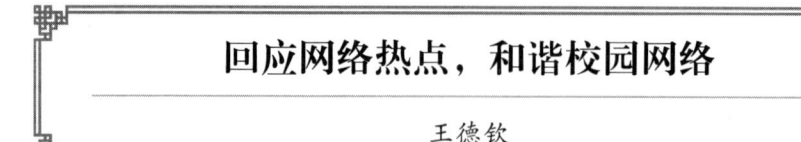

一、案例简介

2022年6月4日下午，一个关于学生抱怨近期学院组织大一学生进行军训的帖子出现在某贴吧上，内容是大一学生参加14天的军训，就是浪费时间；同时，在贴吧上散布不实言论，说军训期间教官对受训学生进行了体罚和谩骂，并且说学校对学生在军训期间的遭遇不闻不问，以此故意诱导不知情的学生，吸引学生对发帖内容的关注度。发帖大概3个小时后，有100多名跟帖回复的同学，造成了一定的负面影响。

二、案例定性分析

这一案件是一起校园网络危机事件。由于事件中涉及"体罚"和"谩骂"等敏感词语以及"学校不闻不问"等敏感话题，导致该信息很容易在网络中引起关注和讨论。

三、问题关键点

1.如何快速发现学生管理上潜在的校园网络危机事件。
2.如何快速、及时、有效地防止事件的继续扩散。
3.如何消除学生对军训的刻板印象，关心和安抚学生，引导学生适应大学学习生活，回归正确的成长轨道。

四、解决思路和实施办法

辅导员应首先了解事件真伪、防止事件继续扩散，其次按照学校处置突发事件工作程序及时上报相关部门,再次联动有关部门协同调查核实学生反映的情况,最后对相关学生进行批评教育并按照相关规定予以相应的处分。

1.明辨事件真伪,防止事件不良影响继续扩散。该学生在贴吧发布信息后15分钟,其辅导员就看到了同学们在网络上的议论和贴吧内容的截图,辅导员第一时间上该贴吧核实相关内容。意识到这是一起潜在的校园网络舆情危机事件。针对学生反馈的军训问题,辅导员立即联系本班一起军训多名同学核实,同班军训同学反馈军训教官并无"体罚"和"谩骂"受训学员,相反的是非常关心学员。学生所反馈内容和发帖情况明显不符。

2.按照学校处置突发事件工作程序及时上报相关部门。在事件发生后,辅导员第一时间把自己掌握的情况汇报给主管领导,并按照领导指示继续跟进事态发展掌握更多信息,对信息进行归纳整理以备上报相关部门。

3.透过舆情发酵掌握网络舆情特点。随着信息时代发展,网络舆情逐渐成为一类重要的舆情问题。由于互联网信息传播快速的特点,导致各种信息在网络中的传播快速且难以控制,高校网络舆情中的不和谐因素更是对高校校园和谐和大学生成长成才有着重大的影响。因此,高校需要加强研究网络舆情的特点,更好地控制网络舆情的发展。此类舆情呈现出如下特点:参与主体的特殊性,舆情内容的多元性,舆情空间的有限性,网络的即时性和自由性。①

4.对相关学生进行耐心疏导和批评教育,并按照相关规定给予相应的处分。学生辅导员开展宿舍走访工作,在走访过程中告知学生正确畅通的诉求渠道,有任何诉求可以走正常程序进行反馈,学生的合理诉求学院会全力进行解决;对于发表不实言论对学院声誉造成影响的学院将依据校纪校规予以处理,造成恶劣影响的将依法追究法律责任,劝发帖的同学主动删帖。

---

① 龚云平.法制规范下的校园网络舆情管理研究——评《高校网络舆情管理》[J].新闻爱好者.2021(2):02.

五、经验与启示

1.提高校园应对舆情危机意识。校园舆情的风险无处不在，小到一张照片，大到国家大事，我们要对舆情危机有一定的预判性。针对这些舆情危机，我们应该做到政治站位要更高，主动宣传要更加充足，主体意识要增强。由于舆情性质不同，我们要做好舆情研判，主动化解负面舆情，建立回应和跟进舆情制度，以增强我们处置舆情的能力。

2.增强学生的法律知识，畅通学生诉求渠道。大学生在实际的学习生活中要注意积极学习法律知识，要在知法的情况下约束自己的不理智行为，维护社会的法治秩序。辅导员应保持学生与学校沟通渠道的畅通，做好学生的沟通工作。

六、案例点评

由于网络参与主体的特殊性、舆情内容的多元性、舆情空间的有限性、网络的即时性和自由性等特点，在学校管理中出现舆情突发事件，在某种程度上是不可避免的。为了减少舆情事件的发生，我们应该提高校园应对舆情危机意识，增强学生的法律知识，畅通学生诉求渠道，在舆情事件发生以后能够掌握网络舆论的话语权和主动权，正确引导网络舆情发展。

提高鉴别能力，拒绝网络不实发言

庞家榆

一、案例简介

某天，我在浏览 QQ 时发现小李同学在 QQ 空间现转发了一篇文章，并发表较为消极的言论，所转发文章中充斥着悲观消极的错误观点，已经有一些同学进行了点赞转发，在小范围内造成了负面影响。

二、案例定性分析

此案例反映的是学生接受错误思想，并在网络上发布不当言论的问题。

三、问题关键点

1. 如何纠正小李的错误观念。
2. 如何阻断错误言论传播，降低影响。

四、解决思路和实施办法

1. 及时介入，了解事情原委，约谈该生。在案例中，小李同学发布的消息如果得不到及时解决，可能会快速传播，甚至会造成谣言和误解，造成不良影响。因为互联网具有快速传播的特点，在清楚事件情况之后，为了不让信息形成较大的传播面，应该及早干预，并及时向相应平台举报，删除错误文章。没有调查就没有发言权，开展批评教育之前应该尽可能收集相关事实材料。可以采取直接询问小李本人以及小李周围了解事情原委的学生的方法来掌握真实情况。在了解事件的前因后果之后，应该立刻和小李深入地谈心谈话。

2.适时开导，进退有据。对该生的教育要摆事实、讲道理、要有策略，在了解小李同学的真实想法以及这样做的原因之后，要帮他进行分析，指出他的问题所在，帮助他理性分析和辨别他转发文章观点的错误所在，同时指出他这样不经过思考随意转发错误言论的行为可能会带来的严重后果。最后积极引导，让小李认识到自己行为的草率、片面、偏激等问题。辅导员在整个谈话过程中，立场要坚定，底气要充足，敢于戳穿互联网不良分子恶意发布的虚假的、负面偏激的不当言论，并坦诚、直接且坚定地告诉学生，你这样的行为是错误的！是遭受了蛊惑！如此才能引导学生认识到自己的不当之处，帮助学生提高分清是非黑白的能力。在沟通教育的过程中，不仅要做到有理，还应做到有温度。避免站在学生的对立面进行简单粗暴的批评，而是要让你的教育具有温度，让学生把你当成交心的朋友，有感情、讲方法，引导学生建立正确观念，让学生接受认可你的教育。

3.及时处理错误言论，避免影响扩大。在掌握事件原委、深入交流、教育谈话之后，为避免错误言论和消极情绪的影响进一步扩大，应要求学生删除转发的错误文章和偏激言论，并且要着重观察已经看过这些内容的同学们的想法和行为。既要及时与这些学生谈心谈话，了解他们心中所想，引导他们理性思考和提高分清是非的能力，也要利用多样化的方式方法，开展网络思想政治教育，教会学生如何以积极乐观的心态正确理性地对待社会问题以及一些不当的网络言论。

五、经验启示

随着时代的信息化，互联网极大地帮助了大学生认识这个世界和了解社会热点问题。然而，互联网信息良莠不齐，而大学生涉世未深，辨别能力比较弱，可能会成为"有心人"散布谣言、偏离舆论导向的工具。这就要求我们不仅需要及时发现并处理与学生有关的网络错误信息误导的问题，还需采取多样化的方式将网络误导学生的问题防患于未然。

六、案例点评

"00后"的大学生个性自我张扬,喜欢标新立异,追求新鲜刺激事物,但是阅历少,心智尚未成熟,思想片面偏激,比较容易受到蛊惑,作出不当行为。而当今是互联网极度发达的时代,各式各样的网络媒体层出不穷,网络新媒体平台为人们的学习、生活、工作、服务等各个方面提供了许多方便。但是,新媒体平台能够放大个人的情绪,像一个扩大器,方便人们发表观点、表达意见的同时,社会问题、人际矛盾以及各种生活事件,都会被新媒体平台扩大。高校大学生思想不成熟,容易被网络错误言论蛊惑,辅导员要将思想教育工作贯穿整个教育管理过程中,以帮助学生理性思考,提高甄别虚假信息的能力。

高职院校学生管理工作典型案例研究

校园危机
事件应对篇

突然"失踪"的小山

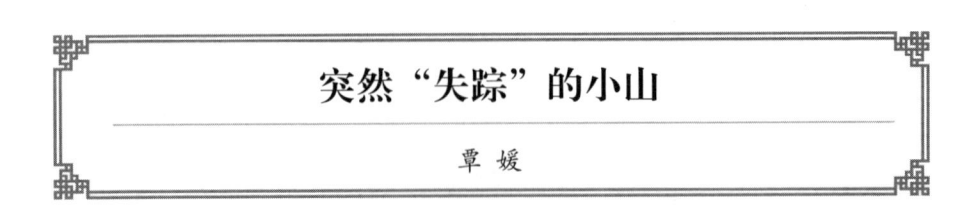

覃媛

一、案例简介

周二下午,辅导员接到班级团支书的电话,反馈其同宿舍的同学小山(化名)早上没和大家一起来上课,下午团课又缺席,且人一直不在宿舍,电话也一直处于关机状态,同宿舍同学都联系不上他。舍友看其最近两天总是闷闷不乐,郁郁寡欢的样子,怕他出事,于是打电话报告给辅导员。

辅导员在接到同宿舍同学的电话后,马上拨打了小山本人的电话,语音提示对方已关机,辅导员在其QQ、微信上留言均不见回复。于是辅导员电话联系了家长并告知情况,同时积极发动小山同班同学的力量共同联系和寻找小山。傍晚19:00左右,辅导员接到其同宿舍同学的电话,反馈说下午曾接到小山电话,电话里小山表示因为和女朋友分手,心情非常糟糕,也感到非常绝望,想独自外出冷静几天,不希望被别人打扰他。

二、案例定性分析

此案例反映的是学生因失恋而引发的失联事件。

三、问题关键点

1.加强联系,迅速了解掌握学生目前所处的地点方位及人身安全情况。

2.保持家校联系,与家长保持紧密联系,加强信息沟通,想方设法尽快找到学生并把学生带回学校,做好安抚工作。

3.结合小山的思想困惑及遇到的问题,耐心做好其思想教育和心理疏导工作。

四、解决思路和实施办法

1.高度重视，迅速启动紧急事件处理程序，及时联系家长，并联合各方力量，迅速找到学生，同时，做好情况反馈上报工作。在高校学生管理过程中，学生的安全是摆在第一位的，因此，当辅导员碰到此类事件时，一是要重视并保持冷静，根据事件的性质，迅速启动紧急事件处理程序。二是要整合各方力量和资源，采取各种有效方法，想方设法尽快联系上学生，了解目前的学生状态及人身安全情况，安抚好学生的情绪。三是与家长保持联系，并及时将有关情况向领导及上级部门汇报，想办法联系或找到学生，督促学生尽快返校，并及时跟进学生返校到校情况。

2.对学生积极开展思想政治教育、纪律意识教育、安全教育和恋爱观教育，加强心理疏导，积极化解危机。学生返校后，辅导员应第一时间主动找到学生，详细了解学生的情况，认真倾听学生内心的想法，加强对其进行思想关怀和心理辅导，告知学生遇到事情也可主动联系家长及老师指导解决。通过谈话及教育，引导学生树立正确的恋爱观、纪律观，学会一分为二看待问题，学会正确处理好恋爱、学习和生活之间的关系，能够正确对待恋爱挫折，加强安全防范，积极提高应对各种挫折及问题的能力。

3.密切关注学生的日常思想和行为动态，加强案例警示教育，认真做好学生的思想教育和管理工作。辅导员要密切留意学生的思想及行为举止，加强引导、管理，科学做好安全防范。同时，要通过主题班会、团课、专题教育等方式，加强对大学生开展思想和心理教育，引导大学生理性看待恋爱问题，学会总结反思，主动找到问题的根源，并能正确认识自己的缺点和不足，积极作出改变。同时加强案例警示教育，积极引导大学生正确对待恋爱问题，自觉树立信心和目标，不断培养个人的兴趣爱好，充实大学生活。

五、经验与启示

1.要通过个案认真看待问题背后的原因及现状，要加强大学生思想政治教育、关注大学生的心理健康。大学生因失恋而逃学、擅自离校，这虽只是个案，但是通过个案能看出学生管理工作过程中许多亟待解决的现实问题，也折射出班级管理过程中仍存在着许多应重点加强的工作。因此，在遇到此类事件时，辅导员首先要保持镇定，同时要理清问题解决的思路及流程，认真做好家校沟通以及工作汇报。同时，要从案例中，认真分析背后的原因，要了解掌握大学生群体发生的新变化、学生管理中的痛点和难点问题以及班级管理过程中的薄弱环节。在日常工作中，要坚持把大学生的思想政治教育作为一项重点工作，帮助学生了解掌握一定的心理健康知识，并正视心理健康问题，同时加强挫折教育，引导学生积极调整心态、重振旗鼓。

2.关心启迪学生，做大学生的知心人、贴心人、引路人，用心为学生成长护航。辅导员要努力做大学生的知心人、贴心人、引路人，要主动深入到学生中，从细微处及时了解掌握学生思想的变化以及行为上的异常，及时帮助学生解决成长过程中的困惑及烦恼。同时，要提高应对紧急事件的工作能力，要保持应对紧急情况的清晰思路，及时总结工作方法。在班级管理的过程中，要举一反三，加强纪律教育，扎实做好大学生思想政治教育、心理健康教育、安全教育，为学生健康成长保驾护航。①

六、案例点评

大学生思想和心智还不够成熟，还没有形成正确的恋爱观，无法正确处理恋爱挫折，所以失恋时容易遭受沉重的打击甚至做出过激的行为。因此，在遇到此类案例时，辅导员一定要多注意工作方式方法。一是要掌握紧急事件的处置方法；二是要提高大学生思想政治教育工作的工作能力；三是要多进行工作总结和提炼，不断提升应对学生管理工作过程中各种问题及困难的能力。与此同时，还要有意识地加强大学生的思想政治教育、纪律观念教育、安全教育以及恋爱观教育，引导学生端正恋爱动机，学会正确处理好恋爱与学业两者之间的关系，提高责任心，树立远大的理想，努力提升自身综合素质和能力。

---

① 陈梦奇. 从"经验型"向"专家型"转变——高校辅导员专业化建设路径探析（J）. 教书育人（高教论坛）. 2018（24）：45-47.

依法治校，共建安全校园

张舒铭

一、案例简介

2022年5月6日晚上10：30，辅导员突然接到小邓（化名）的电话，小邓因为在宿舍和小丁（化名）发生矛盾，在争吵中小丁用力打了他的脸一巴掌，虽然宿舍的同学马上过来拉着二人及时进行了劝架，但是目前二人的情绪还是很激动。小邓现在感觉脸麻、头晕，一边向辅导员述说，一边崩溃地大哭了起来。

二、案例定性分析

此案例反映的是学生因宿舍矛盾而引发的打架类校园危机突发事件问题。

三、问题关键点

1.了解情况，有效解决宿舍矛盾。

2.如何引导学生树立理性心态，加强法治法规教育，提高学生遵纪守法意识。

四、解决思路和实施办法

1.及时了解，批评教育。在陪伴小邓去校医室确认伤情并不严重的情况下，辅导员陪同小邓第一时间回到宿舍了解情况。通过和当事人小丁以及小邓还有宿舍其他同学的谈话，了解到其实小丁和小邓长期存在矛盾，小丁虽然作为班干，学习工作都很积极，但是脾气暴躁，以自我为中心，所以宿舍的其他同学都和他关系不好。小邓性格内向，但是为人温和，所以和宿舍的同学相处融洽。事情的导火线是当天晚上，小丁去参加学校合唱团排练后回宿舍准备洗澡，但是小邓却先他一步进去洗澡房，小丁看到小邓插队的行为很气愤，等待小邓洗澡出来，小丁就和他理论起来，在争吵中，情绪激动之下小丁打了小邓的脸一巴掌。事后通过了解，小邓当时根本就不知道小丁要洗澡，也无心插队。辅导员首先对于小丁动手打人的行为进行了严肃的批评，教育他通过武力解决事情是最不理智的行为，只会让事情变得更糟糕。聪明的人遇到事情，应该是沉着冷静，冲动打人的行为已经违反了校纪校规，后面会对小丁进行相应的纪律处分。对于被打时小邓的冷静处理，避免了事态朝更严重的方向发展给予肯定和表扬。通过辅导员的教育，小丁也认识到自己的错误，对自己冲动打人的行为感到非常后悔，当面向小邓真诚道歉，并保证以后不会再有打人的行为。

2.及时安抚，心理疏导，关心帮助。辅导员第二天专门找小邓进行了深入谈话，耐心倾听，真诚关心。在此事中，小丁的一巴掌虽然没有给小邓造成身体上严重的伤害，但是让他的心理受挫，从小到大，小邓都没有受到如此欺辱。小邓觉得虽然小丁认错了，可以给他一次机会，原谅他的行为，但是他和小丁长期不和是事实，最后在征求小邓意见后，辅导员给小邓调换了一个新的宿舍。

3.召开班会，集体教育。结合本次因宿舍矛盾而导致学生打架的事件，在全班召开"如何依法治校""宿舍那点事"等主题班会，引导教育学生如何让宿舍更和谐，怎么处理好人际关系。帮助学生树立理性心态，正确处理宿舍人际关系，加强法制法规教育，提高学生遵纪守法意识。

五、经验与启示

1.重视学生思想动态，加强学生人际交往能力。高校大学生是一个特殊的群体，他们年轻气盛，容易冲动，遇事不理智。[1]辅导员要引导大学生养成良好的道德品质，既严又爱，让学生在人际交往中可以有效地运用恰

---

[1] 彭玉京，李莉，周艳. 高校德育模块构建初探[J]. 高考. 2017（21）：2-3.

当的方式方法解决处理问题。

2.加强法治法规教育,提高学生遵纪守法意识。引导学生树立理性心态,加强法律法规教育,增强法律意识。做事情不能触碰底线,要有敬畏心理。可以通过一些法治讲座和论坛对法律知识进行宣传,建立和谐安全的校园环境。

六、案例点评

大学生打架危害大学生的身体健康,破坏了大学生成才的优良环境,严重的还会造成刑事案件。高校辅导员要注重培养学生良好的道德品质,做好学生的普法教育工作,做端正学生思想政治态度的引领者。

安全无小事

赵 楠

一、案例简介

宿管人员上午巡查女生宿舍时,发现一窗户有烟雾冒出,怀疑有火灾发生。打开房门后,发现插线板正在燃烧,即将引燃旁边的电脑。宿管人员赶紧用灭火器灭火后,迅速上报和联系了相关部门。

二、案例定性分析

此案例反映的是学生因宿舍插线板燃烧导致的突发危机问题。

三、问题关键点

1.如何让学生认清危机,吸取教训。
2.如何进行安全隐患排查工作。

四、解决思路和实施办法

1.领导重视,及时进行安全警示教育。相关领导高度重视,第一时间赶往现场,查看宿舍受灾情况,随即召开安全教育会,并安排了安全隐患排查工作。

2.做好解释,安抚学生。为了调查起火原因和保护现场,对受灾宿舍暂时进行封闭,并对该楼层周边宿舍做好解释和安抚工作。该寝室的学生下课返回寝室时,看到灭火后的现场,都吓坏了。辅导员及时进行了安抚,再让她们清点是否有财物受损。

3.调查起火原因,指出学生问题。在办公室与受灾宿舍成员谈话,了解起火原因:插线板是便宜的无品牌的劣质产品,因学生小韦昨晚忘记取下插头,也未断开插线板电源开关,引起短路,造成火灾,烧坏一部分桌面。因宿管人员发现及时,再加上所有学生在教室上课,未造成人员伤亡和重大财物损失。辅导员指出了小韦的问题,以及宿舍存在的安全隐患问题,让宿舍成员吸取教训。

4.安顿受灾学生,提供生活保障。辅导员迅速调整宿舍,安顿受灾宿舍的学生,为她们近期的生活提供保障。随后后勤人员积极做好原宿舍的清理和维修工作。

5.联系学生家长,告知处理情况。联系小韦家长,把宿舍发生的情况和学校处理意见告知给家长,与其洽谈被烧毁公物的赔偿问题,并最终落实赔偿金额。

五、经验与启示

1.加强危机教育引导,积极预防,排除隐患。安全工作是老生常谈的话题,常走访宿舍能及时发现安全隐患。辅导员时刻强调和提醒安全问题,班干和宿舍长不定时地排查宿舍安全隐患,学生遵守学校的宿舍管理规定,真正从思想上做好安全防范。

2.落实危机事件出现时的责任,快速反应,正确应对。意外和明天不知哪一个先到来,辅导员要明确自身职责,要提早发现潜在的安全隐患,防患于未然。发生突发事件,首先要把学生生命安全摆在第一位,第一时间组织力量疏散学生和安抚工作;其次要熟知学校各类应急预案,对突发事件做好记录,沉着应对,及时上报;最后加强学生应对突发事件的教育和演练,让学生掌握逃生知识。

六、案例点评

高校学生工作无小事,一旦发生任何突发事件,都要高度重视,快速反应,及时化解,控制场面,处置妥善。作为辅导员,针对此类事件,对突发事件有应对方法,并能及时反思,使突发事件能够得到妥善解决。学生不仅能感受到人文关怀,也不会受到心理伤害。

意外无时不在，需要冷静应对

唐丽媛

一、案例简介

我所带班级在校内与其他班级组织举办篮球比赛，比赛过程中，李同学被韦同学撞到鼻子，流血较严重，现场裁判发现后当即暂停比赛，告知辅导员、通知家长并第一时间送至医院就诊。后被医院诊断为右侧上颌骨额突骨折，右侧鼻骨塌陷，需手术进行矫正，治疗费用较大。由于此次突发事件涉及人员较多，有家长、学院、学生等，存在责任认定交叉，工作一时陷入僵局。

二、案例定性分析

此案例反映的是一起学生因体育比赛运动受伤所引起的校园突发事件。

三、问题关键

1.如何安抚受伤学生以及学生家长的情绪。

2.如何处理韦同学不小心撞到李同学导致其受伤而产生的医疗费用赔偿问题。

3.学校运动赛事举办较为常见，比赛中受伤情况普遍，如何在平常教育中进行相关教育，以避免发生安全问题。

四、解决思路和实施办法

1.沉着冷静，赶往现场。学生发生意外突发事件时，辅导员应第一时间赶往事发现场。此次事件发生时，学生第一时间联系辅导员，辅导员听闻学生因打篮球受伤之后，立即赶到现场去查看学生的伤势，随后联系家长，做好沟通解释工作。

2.及时上报，获得指导。在事发第一时间辅导员将学生受伤情况汇报给了学院领导，让领导及时了解情况、掌握动态，方便领导作出正确的判断，做进一步工作的指导和要求。启动紧急事件处理预案。辅导员向学院领导汇报学生受伤情况以及目前的处理的情况，同时，辅导员老师赶往医院查看学生情况，并与家长保持联络，让家长和学生感受到学校的关心与关注。

3.双方沟通，及时解决。辅导员及时联系撞伤李同学的韦同学所在的学院，将具体情况与韦同学的辅导员进行沟通，商议解决问题的办法。同时韦同学的辅导员也将情况及时反映给所在学院领导，商议问题的解决办法。

4.稳定家长情绪，保持沟通。辅导员在了解事件后首先要求学生到医院进行检查，及时赶到了医院安抚学生情绪，慰问学生伤势，并安排了同班同学陪同。同时跟家长联系，稳定家长情绪，告知家长老师很关心很重视学生，会全程关注，并且会跟韦同学的辅导员商议解决办法，让家长放心。

5.领导关心，共同商议解决办法。事发第二天，两学院领导、学工办负责人、辅导员、关联学生现场面对面交流解决办法。李同学被撞伤是因为在打篮球的过程中韦同学由于投篮动作过大，胳膊肘不小心误伤了李同学，导致李同学右侧上颌骨额突骨折，右侧鼻骨塌陷。根据商议，韦同学撞伤李同学不是有意的，不用受到处分，但要向李同学道歉并赔偿李同学的医疗费用。李同学表示可以理解，最终此事得到了和解。学院辅导员也非常关心李同学的伤势，让李同学安心休养，不能耽误学习。

五、经验与启示

1.加强学生体育安全意识的教育。全面深入推进体育安全教育深入课堂、深入人心，以此类事件为警钟，让学生认识到体育安全的重要性，将安全教育贯穿学生一生，真正增强学生安全意识，保障学生人身安全。

2.健全应急机制。应对学生突发事件，不仅要依靠辅导员自身的能力，还要协调各方力量，针对性、人性化地妥善解决危机。上述案件便是通过合理利用学校、学院、辅导员、家长、学生等力量成功解决的。

3.建立学生安全保障机制。要继续关注学生，关心学生的情绪和身体状况，最大限度保障学生的安全，为学生创造更安全的学习、生活环境。同时，要重视日常数据的收集，巩固学生安全保障机制。

六、案例点评

本案例属于学生校内运动比赛意外受伤的突发事件，在处理的过程中，要以学生为中心，服务学生，关爱学生。我们不能置之不理，不能逃避。我们要坚持以学生为中心，做好服务工作。该案例涉及多方的协商和沟通，包括学校、家属、辅导员、学生等。沟通协调问题更加突出，需要克服困难，冷静应对，谨慎处理。另外，针对李同学的家庭情况，做好学生心理疏导工作，树立积极的价值观，让韦同学进行一定的医疗赔偿。作为一名高校辅导员，面对各种意想不到的情况，我们需要仔细思考，公平对待，解决问题。

安全出行，人人有责

张舒铭

一、案例简介

周六晚上 10:30，辅导员突然接到新生小李（化名）的电话，原来是小贝、小李、小强三个学生晚上一起到学校附近的烧烤摊吃夜宵，吃完后三人坐共享电动车返回学校。小贝因车技不娴熟，车速较快，在转弯处连人带车摔倒了。小贝当场昏迷，脸上也因碰撞地板流了很多血。小李和小强见状马上拨打了 120 急救电话，并及时电话告知辅导员情况。

二、案例定性分析

此案例反映的是因学生骑共享电动车意外摔倒而受伤的突发事件的处理问题。

三、问题关键点

1.如何正确、及时、有效地处理学生骑车意外受伤事件。
2.如何引导同学们树立正确的安全意识。

四、解决思路和实施办法

1.及时介入，冷静处理问题。辅导员接到电话后第一时间赶到医院急诊科了解学生的情况并报告上级领导。因为小贝是刚入学不久的四川籍新生，没有亲戚朋友在南宁。辅导员马上联系家长，说明情况，征得家长同意后作为临时监护人配合医生和护士，陪同小贝做了头部、身体检查，并垫付了医疗费。

2.缓解学生和家长的情绪。做完检查后医生告知辅导员,学生目前头部没有脑震荡,身体没有内伤,只是脸部皮外伤需要缝针处理。辅导员马上电话告知家长小贝的情况,安抚家长的情绪,家长得知小贝没生命危险才稍微松了一口气,也告知辅导员会尽快赶到南宁照顾小贝。因为小贝还处在昏迷状态,辅导员一直陪护小贝直到第二天,等待小贝稍微清醒,经和家长商量后帮助小贝办理了入院治疗的手续。

3.真诚关怀,保持联系。等待家长赶到医院后,辅导员做了详细的情况介绍,在小贝住院期间坚持不定时地去探望,并为家长带去枕头被子等陪护日用品,家长表示非常感激。小贝身体恢复得很好,一周后就出院正常返校学习了。

4.加强安全教育,建立安全防范机制。在班级上,针对此次事件中小李和小强在小贝摔伤第一时间拨打了120急救电话,让同学得到了有效治疗的行为进行了表扬。同时在全班开展了"安全出行,人人有责"主题班会,教育引导同学们遇到突发情况的时候,应该要沉着冷静去面对问题,及时进行自救或者求救,并普及了安全救护常识。通过专题讲座等形式对同学们加强生命安全教育,培养每一个学生都珍爱生命、对生命负责的意识,对日常有可能发生的安全隐患问题做好防范。

五、经验与启示

1.面对学生危机事件时要沉着冷静。及时、有效、正确地解决问题,调整好自己的情绪,保持心态平衡。

2.要提高辅导员处理学生意外事件的能力。对于突发情况,要正确判断,有效采取措施,及时向领导报告。在整个过程中要有记录、有材料,要协调好学校、学生、家长的关系,要用真诚的态度温暖家长和学生的心。

六、案例点评

处理高校学生突发事件是辅导员的重要工作职责,在处理的过程中要有及时、有效的措施,真诚付出,时刻维护好学校的形象,不能激化家长和学校的矛盾,善于总结经验,做好学生成长成才的引路人。

校园失火事件处理

庞家榆

一、案例简介

小成是一名大一的学生,夏天天气炎热,晚上蚊虫较多,于是晚上在宿舍用纸壳垫着点起了蚊香,第二天一早离开宿舍时,未熄灭蚊香,而是将蚊香头掰断,置于纸壳之上。不久,燃着的蚊香头将纸壳点燃,纸壳引燃一旁放置的行李箱进而酿成宿舍失火事故。

二、案例定性分析

此案例属于校园突发危机事件的应对和处理问题。

三、问题关键点

1.如何有效处理危机并形成长效的问题早发展、早处理机制,避免危机再次发生。

2.如何做好警示教育,将危机转变为教育教学的宝贵真实案例。

四、解决思路和实施办法

1.第一时间到达现场,处理相关事宜。到达后,及时了解事故现场受影响学生基本的信息,确认有无人员伤亡并安抚相关学生情绪,控制局面,保护现场,疏散围观群众,控制舆论,避免不实消息传播,造成事态进一步加剧。

2.立即向上级主管部门和领导汇报。通知保卫处等相关部门到场协助处理。对事件性质作出初步判断,依据事件的性质类型和紧急程度,选择拨打相关紧急电话请求支援，同时联系学生家长。

3.在处理过程中要发挥学生干部的作用。处理方法需要灵活多样，有针对性地解决问题。带领学生干部配合学校保卫处成立临时工作组，现场指挥，处理失火现场，将学校以及学生的财产损失降到最低，扎实做好受失火事件影响的学生安置工作，确保其正常学习生活不受影响。

4.及时调查取证。查清事件的原因和经过并做好后续危机事件处理，注意留好照片和形成文字记录材料上报学校相关部门及领导。

5.找造成事故的学生单独谈话教育。事后及时找到相关学生谈话，明确指出其所造成过错的严重性，要求学生深刻反思自己的错误，并作出书面检讨，避免类似的错误再次发生。但批评教育也需讲究方式方法，避免造成其心理阴影，影响以后的身心健康和学习生活，对其平时的好的表现也要积极肯定，并告知当事人家长情况，形成家校育人合力。

6.由点及面，举一反三。将事情情况在必要范围内进行公告说明，防止谣言产生。引导好舆论，避免事件影响进一步扩大。同时开展主题班会等，进行警示教育。在所有宿舍进行安全隐患排查，彻底扫除宿舍隐患，在班级上成立宿舍安全隐患排查小组，定时排查，及时反馈，形成长效的隐患排查机制。

7.做好材料归档。将事件的整个进展情况形成书面材料存档备案，为以后的工作提供参考。

总之，必须深究事故原因，做好相应措施，杜绝事件再次发生。对于事故责任者一定要做好批评教育，使其深刻认识到自己的错误所在，并要求其作出保证不再犯相类似的错误。同时做好警示教育，并制定相应的防范措施。让学校满意、让领导满意、让家长满意。

五、经验与启示

1.辅导员应保持24小时电话畅通。辅导员电话畅通，才能保证学生有事能随时联系上自己，有突发事件时才能以最快的时间赶赴现场。

2.辅导员平时也要做好工作。平时多与学生谈话聊天，多下宿舍，尽可能了解学生的思想动态，近期情况，有问题尽早解决，防患于未然。

3.建立健全完善的信息采集制度。完善信息沟通网络，充分发挥学生干部信息员、助手的作用，建立完善的信息采集制度，掌握班级动态。

六、案例点评

校园失火等危险事件发生时，首先应该确保遇事学生的生命安全，如有受伤应立即送医，并做好相关学生心理安抚工作。其次应当立即对事件进行处理，及时向领导汇报。最后，及时进行警示教育并举一反三，建立危机预警机制，避免事件再次发生。

一场突发疾病引起的风波

唐丽媛

一、案例简介

2022年某天早上6点小莫（化名）同学紧急打电话告诉辅导员同宿舍的小陈（化名）同学躺在床上抽搐不停，辅导员第一时间赶往现场，在同宿舍同学的帮助下将该生送往医院，经医生紧急处理，该生得了阑尾炎并伴有发烧而引起的抽搐，建议立即手术。在医院陪学生就诊过程中，辅导员打电话将此事告知家长，家长表示自己比较忙不能来到学校所在地照顾学生而不愿住院手术治疗，希望学生状态好一些之后回到生源地的医院治疗。

二、案例定性分析

从案例中可以看出，这是一个校园危机事件应对中的个体突发事件问题，具体属于学生突发疾病而引起的突发事件。

三、问题关键

1.如何及时、有效、正确处理学生因生病而产生的突发事件，保证学生的身体健康？

2.如何做好学生因突发事件而产生心理问题的思想教育工作，增强学生的自我保护意识？

四、解决思路和实施办法

1.第一时间赶往现场，并尽快掌握情况。辅导员接到电话后，第一时间快速赶往学生宿舍。与此同时，安排同宿舍的舍长以及学生干部进行帮扶，了解情况，如情况特别严重应及时拨打120援助。在到达现场之后，采取适当的措施将学生及时送往医院进行检查和治疗。

2.了解情况的同时，及时上报主管领导及上级学生工作主管部门，做好突发事件报备。在此过程中，辅导员应当将实际情况上报主管领导以及学生工作主管部门对学生突发事件进行报备。

3.及时联系家长，告知具体情况，并请家长在必要时作出决定。尽快联系学生家长，了解学生身体以往是否有类似的情况，同时告知治疗情况，请家长及时赶到。鉴于学生需要做手术，而家长没有时间到学校所在地照顾学生，在家长的强烈要求下，辅导员与医生了解情况之后，认为学生吃药控制减轻疼痛可以回到当地医院进行手术。最终，家长表示将抽空到医院将学生接回生源地所在医院进行手术。

4.根据学生的状况，开展心理疏导及其他后续工作。关注学生住院期间的学习情况，及时安排班委、学生党员以及学习成绩好的同学，通过线上的方式分享课堂笔记、课堂内容讲解等，防止患病学生缺课或遗漏知识点。在学生出院返校后，辅导员通过走进教室、走访宿舍等方式了解患病学生的身心状况，并及时作出针对性帮助。在危机和苦恼中给予学生帮助的过程，使得生病的学生表达了他对辅导员和学校的感激之情。同时，使学生对学校和老师的认同感进一步增强。

五、经验与启示

健全突发事件应急机制。对于学生突发事件，辅导员必须及时发现，在保持冷静的同时，应该第一时间对突发事件作出正确判断，及时处理，采取有效的措施。在充分了解突发事件发生的具体情况后，及时上报主管领导以及学生工作主管部门，及时与家长沟通，并做好工作记录。同时，要持续关注学生后续的身心健康情况，让学生在老师的关心中感到温暖。

六、案例点评

作为大学生工作的主要工作者，辅导员在对紧急情况的反应中起着至关重要的作用。辅导员的职责之一是应对校园危机，并积极维持校园的安全和稳定。辅导员必须具有良好的心理品质，尤其是面对紧急突发情况。同时，应该熟悉学生父母的信息，包括学生父母的名字，联系信息，家庭住址和其他关键信息。辅导员的工作是一个系统而复杂的过程，因此，辅导员在引导、帮助学生的整个过程中相当于解决问题的过程。在面对危险事件问题时，最好是在出现问题之前进行预防，这对辅导员的工作提出了更高的要求。因此，辅导员应在日常工作中仔细分析学生案例，并总结解决问题的案例，方法和经验，以便可以在将来的工作中做得更好。

职业规划与就业创业指导篇

高职院校学生管理工作典型案例研究

大学生活应该怎么过?

覃 媛

一、案例简介

学期末,辅导员在批阅学生上交的《职业生涯规划书》时,发现一位名叫林洋(化名)的学生没有按要求上交,于是电话提醒该生要及时提交期末作业并约定好上交的时间。林洋在电话里答应的好好的,但是超过了约定的时间仍然不见其上交作业。于是,辅导员把林洋叫来办公室了解情况并与林洋进行谈心、谈话。通过谈话了解到,林洋家庭条件优越,是家中的独生子,其父母常年在外经商,对林洋的各种要求基本上是有求必应。升入大学后,林洋除了上课,其余时间基本都是在宿舍打游戏,对于未来也没有更多设想和规划,他认为反正有父母做后盾,毕业也不用愁找工作。因此,他认为《职业生涯规划书》没必要制作和上交。

二、案例定性分析

此案例反映的是学生自我定位不准确、职业规划意识淡薄、职业生涯规划缺失的问题。

三、问题关键点

1.如何帮助林洋端正学习态度,提高自我认知,远离网络。

2.如何引导林洋明确职业发展方向,合理科学规划大学生活,学会自立自强和对自己负责。

3.如何帮助林洋通过树立大学生涯职业目标,不断端正思想和学习态度,努力提高个人综合素质和竞争力。

四、解决思路和实施办法

1.主动约谈，加强教育，建立信任。发现林洋有这种不良思想和情绪后，辅导员应积极关注并主动约其谈话。在谈话过程中，要耐心倾听其内心的真实想法。同时，对其无故不按时提交作业的行为进行批评教育，引导其认识到错误以及自身存在的缺点和不足，指导其积极纠正。同时，通过谈话，帮助其认识到大学学习的目的和意义，加强职业生涯规划引导，建立良好的信任关系。

2.持续跟进，巧用方法，教育转化。要持续跟踪其思想和行为的转变情况，对其所取得的进步要予以肯定和激励，对其仍然存在的缺点和不足，要给予批评指正和教育帮扶。引导其理解学业就业与自身的关系，厘清学业及个人成长所面临的发展机遇和现实挑战，积极开展职业生涯规划的探索，使其学会正确认识自我、客观评价自我，进一步提升自我评估和自我定位的能力。

3.科学引导，教育帮扶，关怀激励。通过教育提醒、督促帮扶，帮助其端正思想态度，自觉对自己的优势、劣势进行全面分析，科学评估个人能力与目标之间的差距。结合林洋的家庭成长环境、性格特点等多方面因素，帮助其进一步认清现实、了解社会，明确今后自己的发展方向，从而能够正确定位，并积极制定个人的大学生涯目标和职业发展目标。

五、经验与启示

1.因材施教，精准施策。对于这种类型的学生，在谈话之前，往往要做更为充分的准备。一是要心平气和地与对方沟通，注意谈话的地点及方法技巧，确保双方的交谈能够顺利进行。二是通过双方之间的谈话，积极寻找到问题的根源，深刻了解学生思想、行为和举动背后的诱因，及时找到解决问题的突破口。三是要引导学生自行认识到错误，主动加以改进。要达到这个目标，往往需要辅导员有更多的耐心以及工作的方法和技巧，找准问题的关键点，精准施策，才能达到事半功倍的效果。

2.加强引导，强化职业规划教育。辅导员是学生的知心朋友和引路人，要始终坚信每个学生都有自身的闪光点。因此，在引导和教育学生的过程中，要保持耐心和爱心，尊重每一个学生，又能结合个体及问题实际，坚持因材施教，努力提升教育的成效。同时，在学生日常的管理过程中，也要有意识地加强对学生开展职业规划教育，加强专业指导和就业指导，积极帮助大学生主动适应大学生活，积极树立职业意识，加强职业规划，并能够结合个人的兴趣、爱好进行职业探索，从而科学制定个人的职业发展目标。

六、案例点评

大学生正处在职业生涯规划的探索阶段，这一阶段需要有较高的奋斗目标及合理的自身定位。但是由于大学生的人生观、价值观等还处于逐步形成和培养的过程中，因此，在确定自己的职业发展目标和方向的时候，往往还存在不够重视、职业生涯规划意识淡薄等问题。如果不加强教育和引导，很有可能会导致大学生认识偏差、学业荒废甚至一事无成。因此，针对此类问题，辅导员要通过思想教育从根本上转变大学生的认识偏差，帮助大学生端正思想态度、转变个人行为，引导大学生自觉提高职业生涯规划的主动性和自觉性，加强职业能力的锻炼，用实际行动对自己负责，对未来负责。

用爱指引，就业人生

张舒铭

一、案例简介

小陈（化名）是汽车检测与维修技术专业学生，在学校的时候担任班级班长，做事情积极主动，学习刻苦。因为各方面综合能力比较突出，大三的时候在一家品牌 4S 公司实习。但是实习 2 个月以后，小陈向辅导员反映，进入公司后每天都是帮维修主管做一些打杂的事情，并没有从事一些实质性的工作。而且在公司里竞争很厉害，很多老员工都不是很爱搭理新来的实习生，他觉得很压抑，和他想象的不一样，他想换一份新的工作。

二、案例定性分析

此案例反映的是学生就业过程中遇到工作和人际关系困难的问题。

三、问题关键点

1. 如何帮助小陈顺利进行角色转换，适应职场生活。
2. 如何帮助小陈树立正确的就业观。

四、解决思路和实施办法

1. 清楚角色认知，进行角色转换。引导小陈正确认清自己的角色已由学生转换成"职业人"，在学校是学生，有老师和学校的庇护，细心教育成长成才。但这一切的辉煌已成为过去，步入职场就是新人，一切从零做起。作为一个实习员工，一开始是熟悉工作职责和业务流程，熟悉公司的环境和用人标准，不可能一开始就直接给重要岗位的，要正视自己的职业身份，做好角色的转换。

2.心理疏导，树立正确就业观。加强职业心理教育，充分认识职业价值，树立合理的职业价值观。正确认识和接受自己的职业，主动捕抓机遇。对自我当前存在的问题不能一味抱怨，也没必要自卑，不能遇到困难就想着换工作，要树立正确的就业观，用发展的观点看问题，现在的一切只是暂时的，积极调整心态，走出就业困境。①

3.提高人际交往能力，适应职业发展。结合职业发展的需求，不断提高人际交往能力，学会与人沟通的技巧。在新的环境里克服自己内心的抗拒，主动向老员工虚心请教，积极融入其中。要设身处地为他人着想，既要学会倾听，也要善于表达。

4.制定职业生涯发展目标规划，逐步提升，增强自信。做好个人职业生涯规划，调整心态，重新审视自己的工作，确立人生奋斗的方向，逐步提升个人能力，增强自信，机会总是留给有准备的人的。一个好的职业生涯规划，可以使自己早日实现人生目标。

五、经验与启示

1.重视大学生就业问题。大学生就业问题是国家和社会都重视的问题，辅导员要通过专业课程、讲座宣传、主题班会等形式引导学生树立正确的就业观。

2.提高大学生人际交往能力是帮助学生顺利就业的关键。帮助学生明确人际关系是需要付出，才能有收获的，要在丰富多彩的校园活动和社会实践中提高自己的人际交往能力。

---

① 刘刚，邓兰青，易雪静，付娟，高职院校药学专业学生就业心理调查研究报告[J].广东化工（12）：220-221+208.

六、案例点评

大学生就业存在缺乏自我认知、眼高手低、心态不好、受挫能力差等问题。针对大学生的迷茫时期，辅导员要在日常教育中引导学生树立正确的择业观，开展求职、就业心理全面指导。

突破自我,提升职业素养

段方雪

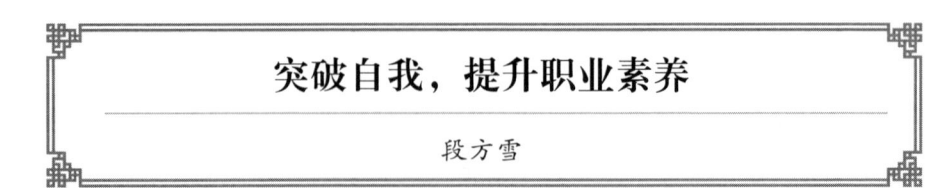

一、案例简介

A 同学在学校时,存在纪律观念差、人际沟通能力弱的情况。大二下学期,学校组织全班同学统一到某公司跟岗实习,刚实习不久,A 同学就出现了顶撞班组长、旷工半天的行为,存在无法按要求完成实习任务的可能性。

二、案例定性分析

此案例反映的是学生因组织纪律性差、人际沟通能力欠缺等原因而导致的违反实习纪律的问题。

三、问题关键点

1.如何引导 A 同学学会自省、自律,加强纪律观念,提升职业素养。
2.如何帮助 A 同学突破自我,提高人际沟通能力。

四、解决思路和实施办法

1.及时约谈,有效沟通。辅导员刚好在企业担任驻场指导老师,于是立即电话约 A 同学进行面谈。辅导员语气真诚平和,并没有批评责备 A 同学,而是请 A 同学讲述事情经过。当得知 A 同学是因为班组长误会自己弄坏工具而严厉指责他,其才情绪激动顶撞时,辅导员表示理解 A 同学当时的处境和心情,认同班组长确实存在主观武断因素。A 同学在得到理解后,心情平缓下来,这时辅导员开始引导 A 同学分析当时为什么会产生这样的误会，让其思考，除了言语顶撞、旷工半天，是否还有更好的处理方式。A同学发现老师不是盲目地批评教育，而是能够理解和尊重自己，进一步缓解了因旷工而担心被责备的不安心理，逐渐建立起对老师的信任感。(为避免偏听偏信，约谈结束后辅导员也及时向班组长及知情者询问了具体情况，A同学所言属实。)

2.倾听，共情，正面引导。在谈话时，辅导员认真倾听A同学的每一句话，特别是在其谈到自己由于一时冲动才旷工时，通过观察A同学的肢体语言，已经看出其对自己的行为是有悔意的。响鼓不用重槌敲，此时辅导员继续表示理解，并开始循循善诱：引导A同学设想自己旷工导致的后果，从而正确看待个人情绪与组织纪律性之间孰轻孰重；通过换位思考，让其反思如何恰当处理与上级管理者之间的关系；再引导其认识组织纪律的重要性，以及理性处理人际关系的必要性。

3.具体分析，提供可行性建议。结合A同学的性格特点、在校期间的表现等已知因素，准确把握因果关系，引导其学会从自身归因，建议A同学：一是要向班组长真诚致歉，获得原谅；二是要特别注意体会学校和职场环境的不同，要学习在学生和员工角色之间的转换；三是应把握实习机会，在真实的企业环境中，端正职业态度，切实提升个人职业素养，为将来顺利就业打下基础。

4.后续加强激励，促进良性发展。根据A同学的技能表现及好胜心理，鼓励其报名参加企业举办的技能大赛，在备赛过程中，鼓励A同学勇于开口表达，多向班组长及有经验的同事请教，充分挖掘自身潜力。最终A同学取得了企业技能新星二等奖，他体会到了勇于突破自我的成就感，增强了对岗位的热情及在实习企业的归属感,也促进他从当初的"问题实习生"，逐渐转变为模范实习生。

五、经验与启示

1.提炼典型示范，教育更多人。在征求A同学同意的前提下，组织班级召开实习交流会，邀请A同学分享个人心得体会。在畅所欲言的融洽氛围下,让更多同学领悟职场道理,懂得选择合理的行为方式,提升自我职业素养。

2.构建学生实习管理的多方协作机制。需要建立企业、老师、学生等多方的有效沟通渠道,需要形成合力,以便学生在实习期间,遇到问题,辅导员能及时发现和解决。

六、案例点评

从学校到实习岗位,对大学生而言,面临一个身份角色转换的过程,在这个过程中容易出现问题,辅导员需要及时帮助学生寻找原因和对策。作者针对学生在实习中顶撞班组长、旷工半天的违纪行为,正确引导该生从自身归因,并提出可行性建议,鼓励该生突破自我,有效提升了职业素养。

升本与就业之间的拉锯战

赵 楠

一、案例简介

小邓（化名）学习成绩挺好，在班级中一直位居前列，从入校开始就把升本作为他的最终目标。大三实习期，他被一家不错的国有大型企业相中，小邓面对这样的机会，升本还是就业？两难选择折磨着他，不知该怎么办？

二、案例定性分析

此案例反映的是学生因升本与就业的两难选择导致的就业问题。

三、问题关键点

1.如何帮助小邓认清升本与就业孰重孰轻，作出正确选择。
2.如何引导小邓解决就业问题。

四、解决思路和实施办法

1.倾听交流，了解情况。与小邓沟通得知，小邓虽然成绩很好，但兄弟姐妹较多，父母年龄大，家庭收入低。升本费用不低，将近三万元，会增加父母负担，弟弟妹妹也可能面临辍学。目前就业形势严峻，专升本毕业之后，不一定能找到好的工作。提前进入市场，能够更快地把所掌握的专业知识跟实践相结合，通过实践不断学习，让自己的知识不断丰富起来。

2.分析利弊，助其决策。根据小邓的情况，建议小邓借助职业生涯规划中的测评工具——决策平衡单，帮助他分析这个两难问题。第一把升本和就业两个选项列出来；第二判断升本和就业的利弊得失；第三把各项考虑因素进行加权计分；第四计算升本和就业的选项得分；第五把这两个选项的优先顺序排列出来。小邓通过决策平衡单加深了对自己的了解，认为应该着重考虑就业。通过就业帮助家庭摆脱困难，进而使弟弟和妹妹完成学业。

3.就业指导。辅导员应帮助小邓理解，在作出慎重选择时不要犹豫，要相信自己通过勤奋的工作会有美好的前景，也要明白成年人要为自己选择承担相应的后果。同时，遇到困难不应该后悔当初的选择，而应该继续奋斗，站在当下立场解决眼前问题，不断增强自身业务能力和综合素质、提高自我价值和核心竞争力才能在职场竞争中掌握选择的主动权。

五、经验与启示

1.做好学生职业规划，加强教育工作。很多学生没有人生目标，或者目标不明确、不实际。更加不知道如何脚踏实地地朝着目标前进。需要学校和老师进行教育和启发，帮助学生树立科学的择业观、职业观。每一个人追求目标的路必定不是坦途，在追求目标的过程中，需要顽强的意志力，也需要付出巨大的努力，需要遇到挫折和困难时的韧性和坚持。

2.鼓励学生多参加社会实践。只有通过社会实践，学生才能真切感受到社会的需要，才能把个人的发展融入社会发展的大环境中去，从而建立个人清晰的人生目标和规划。在制定目标时，要善于独立思考，而不是人云亦云；既要意志坚定，也要心态平和。

六、案例点评

升学和就业确实很难作出取舍，这种两难选择是部分毕业生面临的问题。在实际工作中，辅导员指导学生面对两难选择时，既要从学生家庭经济情况和个人素质入手，也要从学生的职业生涯规划上去指导，从大一第一学期就指导学生初步拟定好职业目标，避免后期选择时出现盲目性和被动性。师生之间的良好关系和辅导员的沟通能力，是辅导员工作开展的金钥匙，让学生敞开心扉，从而挖掘出学生内在的各种潜能，培养学生成长成才。

突破迷茫，设定目标，锐意进取

唐丽媛

一、案例简介

近期，陆同学（化名）主动联系我。主要是表达了这个暑假过完，他即将步入大三的学习与生活。但是，在这个时候他感觉比较迷茫的，缺少目标，没有动力。想要去参加一些活动，但是也提不起兴趣，课余生活比较缺乏。

二、案例定性分析

此案例反映的是学生因缺少自身职业生涯的规划、缺乏目标、缺乏参与活动的积极性而感到迷茫的问题。从陆同学提出的问题，可以看出陆同学对自己发展规划的重视。在即将步入大三的时候，的确容易出现大学生中的迷茫期，我们应该去积极地面对它，克服它，用理性的思维去解决它。

三、问题关键

1.如何引导陆同学解开迷茫与困惑，帮助他顺利度过大学的学习和生活。

2.如何深入了解学生，为对未来比较迷茫的同学提供指导，让他们明确目标，砥砺前行。

四、解决思路和实施办法

面对陆同学的困惑和迷茫，我针对性地提出了一些建议，希望能帮助陆同学重拾信心，砥砺前行。

1.加强培养，提高综合素质。在日常学习和工作中，要注意个人修养的建设。加强自身思想政治学习，注重与人沟通，提高语言沟通能力，注重生活学习的细节。细节决定成败，同时也体现一个人的修养和素质能力。提醒学生要严格要求自己，努力学习，不断提升技能水平，提高自己的综合素质和能力。

2.设定目标和明确方向。大三即将到来，作为大学生可以利用暑假时间来思考自己的职业规划，比如参加公务员考试和专升本。我们要树立自己的目标，明确方向，这样我们才能得到指引，奋斗最终会有回报。在设定目标时，可以将目标分解成几个子目标，然后分阶段完成，并及时调整目标完成的进度。我们必须坚定我们的目标，对于既定的目标和明确的方向，要具备坚忍的精神和永不放弃的信念。即使我们没有成功，我们在这个过程中获得的也是一笔宝贵的资产。

3.夯实基础，活学活用。学生应该把学习放在第一位。在日常生活中，需要注意知识的积累，打好基础，才能学以致用。在学习过程中，要认真记笔记，勤于思考，加深对专业知识点的理解，把知识点转化为实际掌握和运用的技能。可以利用课余时间积极参加第二堂课的活动，让专业知识发挥作用，进一步提高自己的实践能力。①

4.积极参加活动，理论联系实际。积极参加社会实践活动，展现个人风采。可以利用寒暑假的机会，积极参加社会实践活动，积累社会经验，提高自身综合素质。可以参加"三下乡"暑期社会实践活动和暑期志愿者活动，用专业知识服务基层，树立正确的世界观、人生观、价值观。这也是理论知识与实践相结合的一种方式。

5.培养兴趣，丰富课余生活。可以在大学里培养自己的兴趣爱好，丰富自己的大学生活。可以根据自己的特长找到自己的兴趣爱好，然后在业余时间做自己喜欢的事情。这可以提高学生参加活动的热情，也是提高学生能力的一种方式。

---

① 尹志华，贾于宁，孙铭珠，汪晓赞. 新型冠状病毒肺炎疫情下我国高校体育教育专业建设的挑战与治理策略[J]. 北京体育大学学报（3），2020：142-148.

五、经验与启示

辅导员要深刻了解学生,用心倾听,用心服务。在学生管理的过程中,要加强与学生的联系,不要与学生分离,不要因为管理而管理。在做学生管理工作时,要深入学生宿舍,与学生保持密切联系,让学生逐渐信任你。面对学生的问题,我们要用心倾听,了解事情的过程,做学生的知己。当学生需要帮助时,及时解决问题,用情感服务学生,拉近师生之间的距离。同时,提高班级活动的新颖性和创新性。为了增强学生参与活动的积极性,要逐步对第二课堂活动进行创新,深入了解学生的活动需求,结合学院实际情况推出一些学生喜欢的活动。在某种程度上,它可以吸引学生参加活动,也可以提高学生能力和展示学生风采。

六、案例点评

本案例的学生属于在学习过程中迷茫、没有职业规划。在处理过程中,辅导员要以学生为中心,服务学生,关爱学生。加强对学生职业生涯规划的教育。在我们管理的学生中,应该还有一些像陆同学这样有困惑和迷茫的学生。在这种情况下,作为辅导员,我们应该在开学之初,组织一次全体学生大会,动员全体同学,让全体同学打起精神,从放假的状态及时回到学习的状态。同时,以主题班会的形式举办职业生涯规划主题班会,引导全班学生树立职业生涯规划意识,帮助学生制定合理、正确的目标,积极帮助学生解决职业生涯问题。

关于就业毁约的思考

赵 楠

一、案例简介

学校为了保护就业市场,要求加强毕业生的诚信签约教育,以降低违约率。小李(化名)在校期间综合素质不错,大三出去顶岗实习时,与某单位签订了实习三方协议,但只工作了一个月,小李就作出了解约的决定。

二、案例定性分析

此案例反映的是学生因就业解约导致的就业诚信问题。

三、问题关键点

1.如何帮助小李认清诚信签约的重要性。
2.如何解决就业诚信缺失问题。

四、解决思路和实施办法

1.询问原因,采取措施。辅导员找小李谈心,询问他解约的原因。小李表达实习单位与他理想中的有差别,前期考虑不够周全,草草签约,导致现在毁约。告知小李这种不当行为所造成的不良后果,不仅降低了个人的诚信额度,也会影响学校的声誉,针对他的情况,采取纠正措施。

2.召开就业政策解读会。辅导员应对就业诚信进行宣传教育,引导学生主动学习学校关于就业的相关政策、规定,特别强调就业诚信问题。就业诚信就是选择单位时三思而后行,不要跟风;如确实出现需要违约的情况，应诚恳地与原单位沟通，承担相应违约责任，完成违约手续办理。以此帮助大学生正确分析就业形势，端正其择业观和就业观。

3.加强诚信教育力度。学校加强诚信道德校风建设，树立学校的诚信形象。学校教师要强化思想品德修养，用良好的诚信道德形象取得学生的信任，用崇高的人格魅力感染学生、教育学生。①

4.创新职业生涯规划教育。从职业匹配测试到职业体验；从经验分享会到就业招聘会；从班委专人负责到教师就业专干分年级、分阶段全过程进行就业指导和帮扶，了解学生就业的具体问题，使相关工作能够更顺利地开展。

五、经验与启示

1.加强就业信息化建设。大力挖掘就业信息，并对杂乱无章的网络招聘信息进行合理地甄别、归类，避免学生受到不良招聘信息的影响和伤害。指导学生通过"企查查"等平台了解企业的资质，学生自主择业的单位，需提供"实习单位考察表"，签订"学生自主联系岗位实习单位承诺书"，加强就业信息推送、服务，提高就业信息化建设的有效性。

2.建立社会诚信机制。发挥政府行为主导作用，建立社会诚信机制，使行为主体的诚信价值得到全社会的认可，加大违约行为的"不诚信"成本。学校把与诚信建设有关的社会文化、制度等资源有机结合起业，用教育、鼓励、惩罚等手段，引导学生的价值取向，自觉地选择诚信，共同促进社会诚信水平的提高。

六、案例点评

诚信是一种长期建立起来的优良品格、内在修养。当下的就业诚信危

---

① 赵晓燕.当前大学生诚信缺失问题及对策研究[J].市场周刊，2018（06）：130-131.

机问题，究其根源，也是个人因素和社会环境共同作用的结果。在市场经济的催化下，物质至上悄然风行，一些造假行为不断冲击着大学生不够坚定的诚信观念。辅导员加大诚信宣传教育力度，引导学生树立正确的择业观和就业观，从根本上解决学生的违约问题。

暖心贴心服务"慢就业",科学精准落实"快帮扶"

王德钦

一、案例简介

林同学在毕业就业时迟迟未找到心仪的工作。辅导员在某次招聘宣讲会的前一天,因此次宣讲企业人才需求量大,招聘岗位需求与学生专业一致,企业规模较大,机会难得,辅导员将此条宣讲信息转发给毕业生,并与相关专业学生电话联系,告知宣讲会的相关内容。但林同学接过电话后,直言自己对宣讲会不感兴趣,究其原因,他表示目前没有明确就业意向、对就业持观望态度。他认为目前看到的许多企业给到的工资偏低,工作难度大,不愿意参加宣讲和投简历,想找一份工资高一点、离家近一点、工作稍微轻松一点的工作;而且之前自己也投了一些简历,均没有通过,不想再投简历了。

二、案例定性分析

此案例反映的是后疫情时代下,就业形势严峻,大学生群体中存在的"慢就业"问题。其一是由于该生自我认知不够清晰与准确,出现"眼高手低"的现象,不能准确评估自身素质和综合能力,反而对工作单位横加挑剔,导致高不成低不就;其二是就业心理素质较差,当面对"失利"或"连续失利"的情况时,无法及时调整心态,容易产生自卑心理,抗拒就业。

三、问题关键点

1.如何帮助学生进行合理的自我定位与评估。

2.如何引导学生树立正确的职业理念,科学、合理进行职业生涯规划,顺利就业。

四、解决思路和实施办法

1.思想引领，贯穿就业全过程。发现林同学出现"慢就业"情况以后，立即与他取得联系，清楚了解目前无法就业的原因，与他分享了许多疫情期间涌现出来的就业先进典型，给他树典型、立榜样，帮助他树立正确的就业观和择业观，同时提升他的专业自信，引导他看清当前的就业形势。[①] 鼓励他把个人发展和国家发展联系到一起，要以从事为国家、为人民服务的职业为荣，掌握通用劳动科学知识，理解幸福生活是靠劳动创造的，热爱劳动，脚踏实地，在实践中一步步成长起来。懂得空谈误国、实干兴邦的深刻道理。

2.精准定位，引导学生合理进行自我评估。与林同学心平气和地查看他的目前的个人简历，与他沟通了之前面试的经历，运用 SWOT 分析法，与他一同分析目前自身的优势，帮助学生进行我自认知、自我分析和自我定位，合理规划就业路径，结合兴趣、所学专业、岗位需求、行业发展等，制定与自身能力匹配的就业计划，帮助他完善个人简历，传授面试技巧。

3.多渠道推荐，创新元多服务学生就业。主动将符合林同学个人需求的就业信息发送给他，例如战略性新兴产业、现代化服务业、参军入伍等，并给予他及时的就业咨询服务，做到就业服务暖心，就业跟踪贴心，在主观上将激发他求职的内在动力。及时提供就业信息与个人发展匹配程度的分析，通过招聘方提出的招聘要求和求职方发出的自身条件及就业意愿，帮助他快速匹配到基本合适的工作岗位，缩短就业供求双方的招聘应聘时间。[②]

4.积极疏导，开展求职就业心理辅导。学生站在人生选择的十字路口，接受来自各方的"审判"，很容易产生挫折、自卑、从众、盲目攀比等心理。因此，积极组织开展就业心理教育，不仅是给予毕业生正确的心理引导，

[①] 王小曼.后疫情时代高校毕业生精准化就业指导实践路径研究[J].就业与保障，2021（17）：72-73.
[②] 王丹丹.新时代高校毕业生"慢就业"对策研究[J].中国大学生就业，202(05)：40-46.

帮助他们做好心理准备，同时也是帮助他们建立良好的就业心态。组织就业分享沙龙，邀请往届毕业师兄师姐分享就业求职经历，通过已成功就业案例分析、网络微课等方式开展就业心理教育，完善就业心理个案帮扶措施，同时对有类似表现的毕业生给予心理预警提示，提高大学生心理素质。

五、经验与启示

1.积极配合学院，提前开展摸排统计工作。面向全体学生统计初步的就业意向，对相关数据进行整理分析，把握学生整体的就业意向结构，有针对性开展引导。

2.根据就业数据，分类指导，努力为学生提供"一人一策"的就业咨询与指导服务。针对因就业困难而感到焦虑的毕业生，及时开展心理疏导，帮助学生正确认识自我与目前的就业形势，根据个人能力与岗位需求，科学择业。

3.利用自身优势提高教育管理。"90后""00后"的大学生思想活跃、开放，包容度强，善于使用网络，同时心理问题不断凸显，而作为"80后"的辅导员，在年龄和生活经验上有优势，与"90后"学生年龄、审美和兴趣爱好上有高度重合和认同度。因此，容易与学生形成亦师亦友的良好氛围，有利于与学生充分沟通。在工作方面，我们有热情、有追求、敢于创新，能充分利用网络途径提高教育管理工作效率。

六、案例点评

高校毕业生是就业人员中的重要群体，党中央、国务院高度重视和关心高校毕业生就业，教育部也把高校毕业生就业摆在突出位置。因此，解决高校毕业生"慢就业"现象，是维系社会安全稳定的重要手段。促进大学生就业是工作的重中之重，保障大学生顺利就业，需要国家、社会、学校、家庭、学生齐合力。不仅要完善政策措施、强化服务保障，还需要营造良好就业环境、开展就业帮扶等措施。